Hans Christian Andersen

Kleine Meerjungfrauen
und hässliche Entlein

Hans Christian Andersen

Kleine Meerjungfrauen und hässliche Entlein

Mit Bildern
von Gennady Spirin

Gerstenberg Verlag

Für Hans Christian Andersen – G. S.

Die Deutsche Bibliothek – CIP-Einheitsaufnahme
Ein Titeldatensatz für diese Publikation ist bei
Der Deutschen Bibliothek erhältlich.

Aus dem Dänischen von Heinrich Denhardt
Gesetzt nach neuer Rechtschreibung
Die Originalausgabe erschien erstmals 2001 unter dem Titel *Little Mermaids*
and Ugly Ducklings bei Chronicle Books, San Francisco
Illustrationen Copyright © 2001 Gennady Spirin
Copyright © 2001 Chronicle Books, San Francisco
Deutsche Ausgabe Copyright © 2002 Gerstenberg Verlag, Hildesheim
Alle Rechte vorbehalten
Satz: Utesch GmbH, Hamburg
Druck: Brepols, Turnhout
Printed in Belgium
ISBN 3-8067-4973-6

02 03 04 05 06   5 4 3 2 1

INHALT

Das hässliche Entlein

Draußen auf dem Lande war es herrlich! Es war Sommer! Das Korn stand gelb, der Hafer grün. Das Heu war unten auf den grünen Wiesen in Schobern aufgestellt, und da spazierte der Storch auf seinen langen roten Beinen und klapperte ägyptisch, denn diese Sprache hatte er von seiner Mutter gelernt. Um den Acker und die Wiesen zogen sich große Wälder, und mitten in denselben befanden sich tiefe Seen. Oh, es war herrlich da draußen auf dem Lande! Mitten im warmen Sonnenscheine lag da ein altes Rittergut, von tiefen Kanälen umgeben, und von der Mauer an bis zum Wasser hinunter wuchsen dort große Klettenblätter, die so hoch waren, dass unter den größten kleine Kinder aufrecht stehen konnten. Darin war es geradeso wild wie im tiefsten Walde. Hier lag eine Ente auf ihrem Neste, um ihre Jungen auszubrüten, aber jetzt war sie dessen fast überdrüssig, weil es doch gar zu lange dauerte und sie dabei so selten Besuch bekam. Die anderen Enten zogen es vor, auf den Kanälen herumzuschwimmen, anstatt sie zu besuchen und unter einem Klettenblatte zu sitzen, um mit ihr zu plaudern.

Endlich platzte ein Ei nach dem anderen. „Piep, piep!", sagte es, alle Eidotter waren lebendig geworden und steckten den Kopf heraus.

„Rap, rap! Eilt, eilt!", riefen sie, und da rappelten und beeilten sie sich nach

7

Kräften und guckten unter den grünen Blättern nach allen Seiten umher. Die Mutter ließ sie sich auch umschauen, so viel sie wollten, denn das Grüne ist gut für die Augen.

„Wie groß ist doch die Welt!", sagten alle Jungen; denn freilich hatten sie jetzt ganz anders Platz als zu der Zeit, da sie noch drinnen im Ei lagen.

„Haltet ihr das schon für die ganze Welt?", sagte die Mutter. „Die erstreckt sich noch weit über die andere Seite des Gartens hinaus bis in das Feld des Pfarrers; da bin ich indes noch nie gewesen! – Ihr seid doch alle hübsch beisammen!", setzte sie hinzu und erhob sich. „Nein, ich habe noch nicht alle! Das größte Ei liegt immer noch da! Wie lange soll denn das noch dauern? Nun habe ich es wirklich bald satt!" Und dann legte sie sich wieder.

„Nun, wie geht es?", fragte eine alte Ente, die auf Besuch gekommen war.

„Es dauert mit dem einen Ei so lange!", sagte die Ente, welche brütete. „Es zeigt sich noch kein Loch in demselben. Aber nun sollst du die anderen sehen. Es sind die hübschesten jungen Enten, die ich je gesehen habe. Sie sind sämtlich ihrem Vater wie aus den Augen geschnitten! Der Bösewicht, er besucht mich nicht einmal!"

„Lass mich doch das Ei sehen, das nicht platzen will", erwiderte die Alte. „Verlass dich darauf, es ist ein Putenei! So bin ich auch einmal angeführt worden, und ich hatte meine liebe Not mit den Jungen, denn sie fürchten sich vor dem Wasser, kann ich dir sagen. Erst konnte ich sie gar nicht ausbekommen, so viel ich auch rappte und schnappte, ermahnte und nachhalf! – Lass mich doch das Ei sehen! Ja, das ist ein Putenei! Lass es liegen und lehre lieber deine anderen Kinder schwimmen!"

„Ich will doch noch ein wenig darauf liegen bleiben!", entgegnete die Ente. „Habe ich nun so lange gelegen, kommt es auf etwas länger auch nicht an!"

„Jeder, nach seinem Geschmack!", sagte die alte Ente und nahm Abschied.

Endlich platzte das große Ei. „Piep, piep!", sagte das Junge und kroch heraus. Es war sehr groß und auffallend hässlich. Die Ente besah es sich. „Das ist ja ein entsetzlich großes Entlein!", sagte sie. „Keines von den anderen sieht so aus.

Sollte es wirklich eine junge Pute sein? Nun, da wollen wir bald dahinter kommen! In das Wasser muss es, und sollte ich es selbst hineinstoßen!"

Am nächsten Tage war prächtiges herrliches Wetter! Die Sonne schien brennend heiß auf alle die grünen Kletten hernieder. Die Entleinmutter erschien mit ihrer ganzen Familie am Kanale. Platsch! sprang sie in das Wasser. „Rap, rap!", rief sie, und ein Entlein nach dem anderen plumpste hinein. Das Wasser schlug ihnen über dem Kopf zusammen, aber sie tauchten gleich wieder empor und schwammen stolz dahin, die Beine bewegten sich von selbst, und alle waren sie in dem nassen Elemente, selbst das hässliche, graue Junge schwamm mit.

„Nein, das ist keine Pute!", sagte sie. „Sieh nur einer, wie hübsch es die Beine gebraucht, wie gerade es sich hält! Es ist mein eigenes Kind. Im Grunde ist es ganz niedlich, wenn man es nur genauer betrachtet. Rap, rap! Kommt nun mit, jetzt sollt ihr die Welt kennen lernen. Ich werde euch im Entenhofe vorstellen, aber haltet euch immer in meiner Nähe, damit euch niemand trete, und nehmt euch vor der Katze in Acht!"

Und so kamen sie in den Entenhof hinein. Ein erschrecklicher Lärm herrschte drinnen, denn zwei Familien bekämpften sich um einen Aalkopf, und trotzdem bekam ihn die Katze.

„Seht, so geht es in der Welt zu!", sagte die Entleinmutter und schnappte mit dem Schnabel, denn sie wollte auch den Aalkopf haben. „Gebraucht nun eure Beine", sagte sie, „seht zu, dass ihr euch etwas beeilt, und neigt den Hals vor der alten Ente dort. Sie ist die vornehmste von allen hier. Spanisches Blut rollt in ihren Adern, deshalb ist sie so schwerfällig. Wie ihr seht, trägt sie einen roten Lappen um das Bein. Das ist etwas unvergleichlich Schönes und die höchste Auszeichnung, die je eine Ente erhalten kann. Es soll andeuten, dass man sie nicht verlieren will und dass sie Tieren und Menschen kenntlich sein soll. Rappelt euch! Sputet euch! Nicht die Beine einwärts! Ein wohlerzogenes Entlein setzt die Beine weit auseinander, gerade wie Vater und Mutter! Seht, so! Neigt nun euren Hals und sagt: Rap!"

Und das taten sie. Aber die anderen Enten ringsumher betrachteten sie und sprachen: „Seht nur einmal! Nun sollen wir die Sippschaft auch noch bekommen, als ob wir nicht schon genug wären! Pfui, wie das eine Entlein aussieht! Das wollen wir nicht unter uns dulden!" Und sogleich flog eine Ente hin und biss es in den Nacken.

„Lass es zufrieden!", sagte die Mutter, „es tut ja niemand etwas!"

„Ja, aber es ist so groß und sonderbar!", sagte die Ente, welche es gebissen hatte, „und deshalb muss es weggejagt werden!"

„Das sind schöne Kinder, die Mütterchen hat!", sagte herablassend die alte Ente mit dem Lappen um den Fuß. „Sämtlich schön, mit Ausnahme des einen, das missglückt ist! Ich wünschte, sie könnte es umbrüten!"

„Das geht nicht, Euer Gnaden!", sagte die Entleinmutter. „Es ist nicht hübsch, aber es hat ein sehr gutes Gemüt und schwimmt ebenso vortrefflich wie eines der anderen, ja ich darf sagen, fast noch etwas besser. Ich denke, es wird sich auswachsen oder mit der Zeit kleiner werden. Es hat zu lange im Ei gelegen und deshalb nicht die rechte Gestalt bekommen." Darauf zupfte sie es im Nacken und fing an, es zu glätten. „Außerdem", fuhr sie fort, „ist es ein Entrich, und da schadet es nicht so viel. Ich bilde mir ein, er wird tüchtige Kräfte bekommen, da schlägt er sich schon durch!"

„Die anderen Entlein sind ja ganz niedlich!", sagte die Alte. „Tut nun, als ob ihr zu Hause wäret, und findet ihr einen Aalkopf, so könnt ihr mir ihn bringen!"

Und so waren sie wie zu Hause.

Aber das arme Entlein, das zuletzt aus dem Ei gekrochen und so hässlich war, wurde gebissen, gepufft und gehänselt, von den Enten wie von den Hühnern. „Es ist zu groß", sagten sie allesamt, und der Puterhahn, der mit Sporen geboren war und deshalb in dem Wahne stand, dass er der Kaiser wäre, blies sich wie ein Schiff mit vollen Segeln auf, ging gerade auf dasselbe zu, kollerte und wurde ganz rot am Kopfe. Das arme Entlein wusste weder, wie es stehen noch wie es gehen sollte. Es war betrübt, dass es so hässlich aussah und dem ganzen Entenhofe zum Gespötte diente.

So ging es den ersten Tag, und später wurde es schlimmer und schlimmer. Das arme Entlein wurde von allen gejagt, selbst seine Geschwister waren recht unartig gegen dasselbe und sagten immer: „Wenn dich nur die Katze holen wollte, du garstiges Ding!", und die Mutter seufzte: „Wärest du nur weit fort!" Die Enten bissen es, die Hühner hackten auf dasselbe los, und die Futtermagd stieß es mit dem Fuße.

Da lief und flog es über den Zaun; die Vöglein in den Büschen erhoben sich erschrocken in die Luft. Daran ist meine Hässlichkeit schuld!, dachte das Entlein und schloss die Augen, lief aber trotzdem weiter. So gelangte es bis zu dem großen Moore, in dem die wilden Enten wohnten. Hier lag es die ganze Nacht, denn es war sehr müde und traurig.

Am Morgen flogen die wilden Enten auf und erblickten den neuen Kameraden. „Was bist du denn für ein Landsmann?", fragten sie, und das Entlein drehte sich nach allen Seiten und grüßte, so gut es konnte.

„Du bist abschreckend hässlich!", sagten die wilden Enten, „aber das kann uns einerlei sein, wenn du nur nicht in unsere Familie hinein-heiratest!" Das Arme, es dachte wahrlich nicht ans Heiraten. Ihm war nur daran gelegen, die Erlaubnis zu erhalten, im Schilfe zu liegen und Moorwasser zu trinken.

Zwei ganze Tage lang hatte es dagelegen, als

zwei wilde Gänse, oder vielmehr Gänseriche, dorthin kamen. Sie waren noch nicht gar lange aus dem Ei gekrochen und deshalb auch etwas vorschnell.

„Höre, Kamerad, du bist so hässlich, dass du förmlich hübsch bist und wir dich gut leiden können. Willst du zu uns halten und Zugvogel sein? Dicht nebenbei in einem anderen Moore wohnen einige süße liebliche wilde Gänschen, lauter Fräulein, die das Rap, rap! köstlich zu plaudern verstehen, du bist imstande dazu, dein Glück zu machen, so hässlich du auch bist!"

Piff, paff!, knallte es da plötzlich, und beide wilde Gänseriche fielen tot in das Schilf hinab, und das Wasser wurde blutrot. Piff, paff!, knallte es abermals, und ganze Scharen wilder Gänse flogen aus dem Schilfe auf, und dann knallte es wieder. Es war große Jagd; die Jäger lagen rings um das Moor herum, ja, einige saßen oben in den Baumzweigen, die sich weit über das Röhricht hinstreckten. Der blaue Pulverdampf zog wie Wolken durch die dunklen Bäume hindurch und ruhte weit über dem Wasser. In den Sumpf drangen die Jagdhunde hinein. Platsch, platsch! Schilf und Rohr neigten sich nach allen Seiten. Was war das für ein Schreck für das arme Entlein! Es drehte den Kopf, um ihn unter die Flügel zu stecken, als in demselben Augenblicke ein fürchterlich großer Hund dicht vor ihm stand; die Zunge hing dem Tiere ganz lang aus dem Halse, und die Augen funkelten grässlich. Er berührte das Entlein fast mit der Schnauze, wies die scharfen Zähne, und – platsch! zog er sich zurück, ohne es zu packen.

„Gott sei Dank!", seufzte das Entlein, „ich bin so hässlich, dass mich selbst der Hund nicht beißen mag!"

So lag es denn ganz still, während die Schrotkörner in das Schilf sausten und Schuss auf Schuss knallte.

Erst am späten Nachmittage wurde es still, aber das arme Junge wagte noch nicht, sich zu erheben. Es wartete noch mehrere Stunden, ehe es sich umschaute, und dann eilte es, so schnell es konnte, aus dem Moore weiter. Es lief über Feld und Wiesen, und dabei war ein Sturm, dass es nur mit Mühe vorwärts kommen konnte.

13

Gegen Abend erreichte es ein erbärmliches Bauernhäuschen, das in so traurigem Zustande war, dass es selbst nicht wusste, nach welcher Seite es fallen sollte, und so blieb es stehen. Der Sturm brauste dermaßen um das wilde Entlein, dass es sich setzen musste, um Widerstand zu leisten. Und es wurde immer schlimmer und schlimmer. Da bemerkte es, dass sich die Tür aus der einen Angel gehoben hatte und so schief hing, dass es durch die Spalte in die Stube hineinschlüpfen konnte, und das tat es.

Hier wohnte eine alte Frau mit ihrer Katze und ihrem Huhne; die Katze, welche sie Söhnchen nannte, konnte einen Buckel machen und spinnen. Selbst Funken konnte man ihr entlocken, wenn man sie im Dunkeln gegen die Haare strich. Das Huhn hatte sehr kleine, niedrige Beine und wurde deshalb Kurzbeinchen genannt. Es legte goldene Eier und die Frau liebte es wie ihr eigenes Kind.

Am Morgen bemerkte man sogleich das fremde Entlein, und die Katze begann zu spinnen und das Huhn zu klucken.

„Was ist das?", rief die Frau und schaute sich um, da sie aber nicht gut sah, hielt sie das Entlein für eine fette Ente. „Das ist ja ein sonderbarer Fang!", sagte sie, „nun kann ich Enteneier bekommen. Wenn es nur kein Entrich ist! Das müssen wir erproben."

So wurde denn das Entlein für drei Wochen auf Probe angenommen, aber Eier kamen nicht.

Nun war die Katze der Herr im Hause, und das Huhn war die Frau, und immer sagten sie: „Wir und die Welt!", denn sie glaubten, dass sie die eine Hälfte wären, und zwar der allerbeste Teil. Das Entlein fand, dass man auch wohl anderer Meinung sein könnte, aber das duldete das Huhn nicht.

„Kannst du Eier legen?", fragte es.

„Nein!"

„Nun gut, dann halte auch deinen Mund!"

Und die Katze sagte: „Kannst du einen Buckel machen, kannst du spinnen, kannst du Funken sprühen?"

„Nein!"

„Dann darfst du auch keine Meinung haben, wenn vernünftige Leute reden!"

Und das Entlein saß im Winkel und war schlechter Laune. Da dachte es unwillkürlich an die frische Luft und den Sonnenschein und bekam eine so eigentümliche Lust, auf dem Wasser zu schwimmen, dass es sich endlich nicht länger enthalten konnte, es dem Huhne anzuvertrauen.

„Was sprichst du da?", fragte dasselbe. „Du hast nichts zu tun, deshalb plagen dich so seltsame Launen. Lege Eier oder spinne, dann gehen sie vorüber!"

„Aber es ist köstlich, auf dem Wasser zu schwimmen!", entgegnete das Entlein, „köstlich, sich den Kopf in den Fluten zu kühlen oder auf den Grund niederzutauchen!"

„Ja, das muss wirklich ein prächtiges Vergnügen sein!", sagte das Huhn spöttisch, „bist du denn närrisch geworden! Frage einmal die Katze, sie ist die Klügste, die ich kenne, ob es ihr so angenehm vorkommt, auf dem Wasser zu schwimmen oder unterzutauchen! Ich will von mir gar nicht reden. – Frage selbst unsere Herrschaft, die alte Frau, klüger als sie ist niemand in der Welt. Meinst du, sie hätte Lust zu schwimmen oder sich das Wasser über dem Kopfe zusammenschlagen zu lassen?"

„Ihr versteht mich nicht!", sagte das Entlein.

„Wenn wir dich nicht verstehen, wer sollte dich dann wohl verstehen? Du wirst doch wohl nicht klüger sein wollen als die Katze und die Frau, um meiner gar nicht zu erwähnen. Zier dich nicht, Kind, und setze dir keine Grillen in den Kopf! Danke deinem Schöpfer für all das Gute, das man dir erwiesen hat! Hat man dich nicht in eine warme Stube und in einen Umgangskreis aufgenommen, von dem du etwas lernen kannst? Aber du bist ein Faselhans, und es ist keineswegs erfreulich, mit dir umzugehen! Mir kannst du Glauben schenken, denn ich meine es gut mit dir, ich sage dir kränkende Wahrheiten, und daran kann man seine wirklichen Freunde erkennen! Sieh jetzt nur zu, dass du Eier legst und spinnen und Funken sprühen lernst!"

„Ich glaube, ich gehe in die weite Welt hinaus!", sagte das Entlein.

„Ja, tue das!", entgegnete das Huhn.

Da ging denn das Entlein. Es schwamm auf dem Wasser, es tauchte unter, aber von allen Tieren wurde es um seiner Hässlichkeit willen übersehen.

Jetzt erschien der Herbst; die Blätter im Walde wurden gelb und braun, der Sturm entführte sie und wirbelte sie umher, und oben in der Luft machte sich die Kälte bemerkbar. Die Wolken hingen schwer von Hagel und Schneeflocken, und auf dem Zaune stand ein Rabe und schrie: „Au, au!" vor lauter Kälte. Ja, man konnte schon ordentlich frieren, wenn man nur daran dachte. Das arme Entlein hatte es wahrlich nicht gut.

Eines Abends, die Sonne ging gerade wunderbar schön unter, kam ein ganzer Schwarm prächtiger, großer Vögel aus dem Gebüsch hervor, wie sie das Entlein noch nie so schön gesehen hatte. Sie waren blendend weiß und hatten lange, geschmeidige Hälse: Es waren Schwäne. Sie stießen einen merkwürdigen Ton aus, breiteten ihre prächtigen, großen Schwingen aus und flogen aus den kalten Gegenden fort nach wärmeren Ländern, nach offnen Seen. Sie stiegen so hoch, so hoch, dass dem hässlichen jungen Entlein ganz seltsam zumute wurde. Es drehte sich im Wasser wie ein Rad herum, streckte den Hals hoch nach ihnen aus und stieß einen so lauten und sonderbaren Schrei aus, dass es sich ordentlich vor sich selber fürchtete. Es konnte die prächtigen, die glücklichen Vögel nicht vergessen, und sobald es sie nicht mehr wahrnahm, tauchte es bis auf den Grund unter, und geriet, als es wieder emporkam, förmlich außer sich. Es wusste nicht, wie die Vögel hießen, noch wohin sie zogen, aber doch hatte es dieselben lieb wie nie jemand zuvor. Neid kam gleichwohl nicht in sein Herz. Wie hätte ihm auch nur in den Sinn kommen können, sich eine solche Schönheit zu wünschen. Es wäre schon froh gewesen, wenn nur die Enten es hätten unter sich dulden wollen; – das arme hässliche Tier.

Und der Winter wurde so kalt, so kalt! Das Entlein musste unermüdlich umherschwimmen, um das Zufrieren zu verhindern. Aber jede Nacht wurde das Loch, in dem es schwamm, schmäler und schmäler. Es war eine Kälte, dass die Eisdecke krachte. Das Entlein musste fortwährend die Beine gebrauchen, damit sich das Loch nicht völlig schloss. Endlich wurde es matt, lag ganz still und fror so im Eise fest.

In der Frühe des folgenden Morgens kam ein Bauer, der das arme Tier gewahrte. Er ging hin, zerschlug das Eis mit seinem Holzschuh, rettete es und trug es heim zu seiner Frau. Da lebte es wieder auf.

Die Kinder wollten mit demselben spielen. Da aber das Entlein glaubte, sie wollten ihm wehetun, fuhr es in der Angst gerade in eine Milchschüssel, sodass die Milch in der Stube umherspritzte. Die Frau schlug entsetzt die Hände zusammen. Dann flog das Entlein auf das Gestell, auf dem die Butter aufbewahrt wurde, und von hier in die Mehltonne hinein und dann wieder in die Höhe. Da könnt ihr euch denken, wie es aussah! Die Frau schrie und schlug mit der Feuerzange nach demselben, die Kinder liefen einander über den Haufen und lachten und lärmten. Gut war es, dass die Tür offen stand, so konnte sich das Entlein zwischen die Sträucher in den frisch gefallenen Schnee hinausretten, und da lag es nun bis auf den Tod erschöpft.

Allein es würde wahrlich zu traurig sein, all die Not und das Elend zu erzählen, welche das Entlein in dem harten Winter auszustehen hatte. – Es lag zwischen dem Röhricht im Moor, als die Sonne wieder warm zu scheinen begann; die Lerchen sangen, es war ein herrlicher Lenz.

Da entfaltete es mit einem Male seine Schwingen, stärker sausten sie als zuvor und trugen es kräftig vorwärts, und ehe dasselbe es recht wusste, befand es sich in einem großen Garten, wo die Apfelbäume in voller Blüte standen, wo die Fliedersträucher dufteten und ihre langen, grünen Zweige zu den sich sanft dahinschlängelnden Bächen und Kanälen herniedersenkten. Oh, wie war es hier so köstlich, so frühlingsfrisch! Und gerade vor ihm kamen aus dem Dickicht drei schöne, weiße Schwäne angeschwommen; mit gekräuseltem Gefieder glitten sie leicht und majestätisch über das Wasser dahin. Das Entlein erkannte die prächtigen Tiere und wurde von einer eigentümlichen Schwermut ergriffen.

„Ich will hinfliegen zu ihnen, den königlichen Vögeln, und sie werden mich totbeißen, weil ich, der ich so hässlich bin, mich ihnen zu nähern wage. Aber meinetwegen! Besser von ihnen getötet, als von den Enten gezwackt, von den Hühnern gepickt, von der Hühnermagd gestoßen zu werden und im Winter alles mögliche Weh über sich ergehen zu lassen!" Und es flog auf das Wasser und schwamm den prächtigen Schwänen entgegen, die mit gesträubten Federn auf dasselbe losschossen. „Tötet mich nur!", sagte das arme Tier und neigte sein Haupt gegen den Wasserspiegel und erwartete den Tod – aber was sah es in dem klaren Wasser? Es sah unter sich sein eigenes Bild, aber es war nicht mehr ein plumper, schwarzgrauer Vogel, hässlich und Abscheu erweckend, es war selbst ein Schwan.

Es tut nichts, in einem Entenhofe geboren zu sein, wenn man nur in einem Schwanenei gelegen hat!

Nun fühlte es sich förmlich glücklich über alle die Not und Widerwärtigkeit, die es ausgestanden hatte. Nun verstand es erst sein Glück, erst die Herrlichkeit recht zu würdigen, die es überall begrüßte. – Und die großen Schwäne umschwammen es und streichelten es mit ihrem Schnabel.

Da traten einige kleine Kinder in den Garten hinein! Sie warfen Brot und Korn in das Wasser, und das kleinste rief: „Da ist ein neuer!" Und die anderen Kinder jubelten mit: „Ja, es ist ein neuer angekommen!" Sie klatschten in die Hände, tanzten

umher, holten Vater und Mutter herbei, und es wurde Brot und Kuchen in das Wasser geworfen, und sie sagten alle: „Der neue ist der schönste, so jung und majestätisch!" Und die alten Schwäne verneigten sich vor ihm.

Da überschlich ihn Schüchternheit und Verschämtheit, und er verbarg den Kopf unter den Flügeln; es war ihm so eigen zumute, er wusste fast selbst nicht wie. Er war allzu glücklich, aber durchaus nicht stolz, denn ein gutes Herz wird niemals stolz. Er dachte daran, wie er verfolgt und verhöhnt worden, und hörte nun alle sagen, er wäre der schönste von allen schönen Vögeln. Die Fliedersträuche neigten sich mit den Zweigen zu ihm in das Wasser hinunter, und die Sonne schien warm und erquickend. Da sträubte er sein Gefieder, der schlanke Hals erhob sich, und aus Herzensgrunde jubelte er: „So viel Glück habe ich mir nicht träumen lassen, als ich noch das garstige Entlein war!"

DÄUMELINCHEN

Es war einmal eine Frau, die gar zu gern ein kleines Kind haben wollte, aber sie wusste gar nicht, wo sie es herbekommen sollte. Da ging sie zu einer alten Hexe und sagte zu ihr: „Ich möchte doch gar zu gern ein kleines Kind haben; kannst du mir nicht sagen, wo ich eins herbekommen soll?"

„O ja, das soll nicht schwer sein!", sagte die Hexe. „Da hast du ein Gerstenkorn; das ist nicht etwa von der Art, wie es auf einem Bauernfelde wächst oder womit die Hühner gefüttert werden. Lege es in einen Blumentopf, dann wirst du etwas zu sehen bekommen!"

„Besten Dank!", sagte die Frau und gab der Hexe ein Silberstück, ging dann heim, pflanzte das Gerstenkorn, und sogleich wuchs eine große, herrliche Blume hervor, die vollkommen einer Tulpe glich, aber die Blätter schlossen sich fest zusammen, als ob sie noch in der Knospe wären.

„Das ist eine schöne Blume!", sagte die Frau und küsste sie auf die herrlichen roten und gelben Blätter, aber wie sie sie noch küsste, tat die Blume einen großen Knall und öffnete sich. Es war, wie man nun sehen konnte, eine wirkliche Tulpe; aber mitten in der Blüte, auf dem grünen Blumengriffel, saß ein winzig kleines Mädchen, fein und lieblich. Sie war nicht größer als ein Daumen, und deswegen wurde sie Däumelinchen genannt.

Eine prächtige, lackierte Walnussschale erhielt sie zur Wiege, blaue Veilchenblätter waren ihre Matratze und ein Rosenblatt ihr Deckbett. Darin schlief sie des Nachts, aber am Tage spielte sie auf dem Tische. Die Frau hatte einen Teller darauf gestellt, um den sie einen ganzen Kranz Blumen gelegt hatte, deren Stängel in das Wasser reichten. Hier schwamm ein großes Tulpenblatt, und auf diesem durfte Däumelinchen sitzen und von der einen Seite des Tellers bis zur anderen schwimmen. Zum Rudern hatte sie zwei weiße Pferdehaare. Das sah unbeschreiblich niedlich aus. Sie konnte auch singen, oh so fein und lieblich, wie man nie zuvor gehört hatte.

Eines Nachts, als sie in ihrem hübschen Bettchen lag, kam durch das Fenster, in dem eine Scheibe zerbrochen war, eine hässliche Kröte hereingehüpft. Die Kröte war entsetzlich garstig, groß und nass; sie hüpfte gerade auf den Tisch hernieder, wo Däumelinchen lag und unter dem roten Rosenblatte schlief.

„Das wäre eine schöne Frau für meinen Sohn!", sagte die Kröte, und dann ergriff sie die Walnussschale, in der Däumelinchen schlief, und hüpfte mit ihr durch die Scheibe in den Garten hinunter.

Da floss ein großer, breiter Bach; aber dicht am Ufer war es sumpfig und morastig; hier wohnte die Kröte mit ihrem Sohne. Hu, der war ebenso garstig und hässlich, das ganze Ebenbild seiner Mutter. „Koax, koax, breckekekex!", war alles, was er sagen konnte, als er das hübsche kleine Mädchen sah.

„Schwatz nicht so laut, sonst wacht sie auf!", sagte die alte Kröte, „sie könnte uns sonst noch entlaufen, denn sie ist so leicht wie ein Eiderflaum! Wir wollen sie in den Bach hinaus auf eins der breiten Wasserlilienblätter setzen, das ist für sie, die so leicht und klein ist, wie eine Insel. Da kann sie nicht entlaufen, während wir den Festsaal unten tief unter dem Sumpfe, wo ihr wohnen und leben sollt, instand setzen."

Nach der Mitte des Baches zu wuchsen gar viele Wasserlilien mit breiten, grünen Blättern. Sie gewährten einen Anblick, als ob sie auf dem Wasser schwämmen. Das Blatt, das am weitesten hinausragte, war auch das allergrößte. Zu ihm schwamm die alte Kröte hinaus und setzte die Walnussschale mit Däumelinchen darauf.

Das arme kleine Mädchen erwachte beim ersten Morgengrauen, und da es wahrnahm, wo es war, fing es gar bitterlich an zu weinen, denn Wasser umgab von allen Seiten das große grüne Blatt; es war ihr unmöglich, an das Land zu kommen.

Die alte Kröte saß unten im Sumpfe und schmückte ihr Zimmer mit Schilf und gelben Wasserlilien, denn für die neue Schwiegertochter sollte alles auf das feinste hergerichtet werden. Darauf schwamm sie mit dem garstigen Sohne zu dem Blatte hinaus, wo Däumelinchen stand. Sie wollten ihr niedliches Bett holen, welches in das Brautgemach gesetzt werden sollte, ehe sie selbst dessen Schwelle übertrat.

Die alte Kröte verneigte sich vor ihr bis tief ins Wasser hinein und sagte: „Hier stell ich dir meinen Sohn vor, der dein Mann sein soll. Ihr werdet unten im Sumpfe ganz prächtig wohnen."

„Koax, koax, breckekekex!", war alles, was der Sohn sagen konnte.

Nun nahmen sie das stattliche kleine Bett und schwammen damit fort; Däumelinchen aber saß ganz allein und weinte heiße Tränen auf das grüne Blatt hinab, denn sie wollte weder bei der hässlichen Kröte wohnen noch ihren hässlichen Sohn zum Manne haben. Die kleinen Fische, die unten im Wasser schwammen, hatten die Kröte recht wohl gesehen und gehört, was sie sagte. Sie streckten deshalb alle die Köpfe in die Höhe, sie wollten doch auch das kleine Mädchen sehen. Kaum hatten sie es gesehen, so fanden sie dieselbe so allerliebst, dass es ihnen leid tat, dass sie zur hässlichen Kröte hinunter sollte. Nein, das durfte nie geschehen! Sie versammelten sich unten im Wasser, rings um den grünen Stängel, der das Blatt hielt, worauf es stand, nagten mit den Zähnen den Stiel ab, und nun schwamm das Blatt mit Däumelinchen hinab, weit, weit fort, wohin die Kröte nicht gelangen konnte.

Däumelinchen segelte an gar vielen Städten vorüber, und die kleinen Vögel saßen in den Büschen, sahen sie und sangen: „Welch niedliches kleines Mädchen!" Weiter und immer weiter schwamm das Blatt mit ihr; so reiste denn Däumelinchen ins Ausland.

Ein allerliebster kleiner weißer Schmetterling wurde nicht müde, sie zu umflattern, und schwebte endlich auf das Blatt hernieder, denn er konnte Däumelinchen gar wohl leiden. Diese war hocherfreut, denn die Kröte konnte sie jetzt nicht mehr erreichen, und es war so köstlich, wo sie segelte. Die Sonne schien auf das Wasser, und dieses glänzte wie schimmerndes Gold. Da nahm sie ihren Gürtel, schlang das eine Ende desselben um den Schmetterling und befestigte das andere am Blatte. Das glitt jetzt weit schneller das Wasser hinunter und sie mit, denn sie stand ja auf dem Blatte.

Plötzlich kam ein großer Maikäfer angeflogen, der sie gewahrte und augenblicklich seine Klauen um ihren schlanken Leib schlug und mit ihr auf einen Baum flog. Aber das grüne Blatt schwamm den Bach hinab, und der Schmetterling flog mit, denn er war an das Blatt gebunden und konnte sich auch nicht befreien.

Gott, wie sehr erschrak das arme Däumelinchen, als der Maikäfer mit ihr auf den Baum hinaufflog! Am meisten betrübte sie jedoch der Gedanke an den schönen weißen Schmetterling, den sie an das Blatt gebunden hatte. Konnte er nicht loskommen, musste er ja rettungslos verhungern. Aber das rührte den Maikäfer durchaus nicht. Er setzte sich mit ihr auf das größte grüne Blatt des Baumes, speiste sie mit dem Blütenhonig und sagte, sie wäre sehr schön, obgleich sie einem Maikäfer in keinem Stücke ähnelte. Später kamen alle die anderen Maikäfer, die den Baum bewohnten, zu Besuch; sie beguckten Däumelinchen von allen Seiten, und die Maikäferfräulein rümpften die Fühlhörner und sagten: „Sie hat ja nur zwei Füße; das sieht doch zu jämmerlich aus!" – „Sie hat keine Fühlhörner!", spotteten andere. – „Wie schlank sie um die Hüften ist! Pfui, sie sieht einem Menschen sprechend ähnlich! Wie hässlich sie ist!", sagten alle Maikäferfrauen, und trotzdem war Däumelinchen so schön. So kam sie auch dem Maikäfer vor, der sie entführt hatte, da aber alle anderen darin übereinstimmten, sie wäre hässlich, so glaubte er es zuletzt ebenfalls und wollte sie nun gar nicht haben; sie konnte gehen, wohin sie wollte. Sie flogen mit ihr vom Baume hinunter und setzten sie auf ein Gänseblümchen. Da weinte sie, weil sie so

25

hässlich wäre, dass sie nicht einmal die Maikäfer unter sich dulden wollten, und doch war sie über alle Vorstellung schön, fein und klar, wie das herrlichste Rosenblatt.

Während des ganzen Sommers lebte Däumelinchen ganz allein in dem großen Walde. Sie flocht sich ein Bett aus Grashalmen und hing es unter einem großen Klettenblatte auf, sodass sie gegen den Regen geschützt war. Blütenhonig war ihre Speise, und ihren Durst stillte sie an dem Tau, der morgens auf den Blättern stand. So verstrich Sommer und Herbst, aber nun kam der Winter, der kalte, lange Winter. Alle Vögel, die ihr so schön vorgesungen hatten, flogen ihrer Wege, die Bäume und Blumen welkten dahin; das große Klettenblatt, unter dem sie gewohnt hatte, schrumpfte zusammen, und es blieb nur ein gelber vertrockneter Stängel. Sie fror bitterlich, ihre Kleider waren zerrissen, und sie selbst war gar fein und klein; das arme Däumelinchen musste erfrieren. Es begann zu schneien, und jede Schneeflocke, die auf sie fiel, tat dieselbe Wirkung, als wenn man auf uns eine ganze Schaufel voll wirft, denn wir sind groß, sie aber war nur einen Daumen lang. Da hüllte sie sich in ein verwelktes Blatt, aber das erwärmte sie nicht; sie zitterte vor Kälte.

Hart am Saume des Waldes, wohin sie jetzt gelangt war, lag ein großes Kornfeld, allein das Korn war längst eingeerntet, nur die nackten, trockenen Stoppeln ragten aus der gefrornen Erde hervor. Ihr kamen sie wie ein großer Wald vor, den sie zu durchwandern hatte, und sie klapperte nur so vor Kälte. Da kam sie vor die Tür der Feldmaus. Ihr ganzes Reich bestand in einer kleinen Höhle unter den Kornstoppeln. Dort wohnte die Feldmaus geschützt und behaglich, hatte die ganze Stube voll Korn und eine prächtige Küche und Speisekammer. Das arme Däumelinchen stellte sich an die Tür, gerade wie jedes andere arme Bettelmädchen, und bat um ein kleines Stückchen Gerstenkorn, denn sie hatte seit zwei Tagen nicht das Geringste zu essen bekommen.

„Du arme Kleine!", sagte die Feldmaus, denn es war im Grunde genommen eine gute, alte Feldmaus, „komm in meine warme Stube herein und iss mit mir!"

Da sie nun Gefallen an Däumelinchen fand, sagte sie: „Du kannst getrost den

Winter über bei mir bleiben, aber du musst mir die Stube hübsch sauber halten und mir Geschichten erzählen, denn das ist meine Lust!" Däumelinchen tat, was die gute, alte Feldmaus verlangte, und hatte es ganz vortrefflich bei ihr.

„Nun bekommen wir gewiss bald Besuch!", sagte die Feldmaus. „Mein Nachbar pflegt mich täglich zu besuchen. Der hat noch mehr vor sich gebracht als ich, hat große Säle und geht in einem herrlichen, schwarzen Samtpelze einher. Könntest du den zum Manne bekommen, dann wärest du gut versorgt. Er kann aber nicht sehen. Du musst ihm die allerschönsten Geschichten erzählen, die du weißt!"

Aber darum kümmerte sich Däumelinchen nicht, sie mochte den Nachbar gar nicht haben, denn er war ein Maulwurf. Er kam und machte in seinem schwarzen Samtpelze seine Aufwartung. Er wäre sehr reich und sehr gelehrt, sagte die Feldmaus. Seine Wohnung war auch in der Tat zwanzigmal größer als die der Feldmaus, und Gelehrsamkeit besaß er, aber die Sonne und die herrlichen Blumen konnte er gar nicht leiden; über sie wusste er nur Schlimmes zu erzählen, weil er sie nie gesehen hatte. Däumelinchen musste singen und sie sang sowohl „Maikäfer fliege!" als auch „Der Pfarrer geht ins Heu!" Wegen ihrer schönen Stimme verliebte sich der Maulwurf in sie, sagte aber noch nichts; oh, er war ein sehr besonnener Mann!

Er hatte sich vor kurzem einen langen Gang von seinem bis zu ihrem Hause durch die Erde gegraben; in ihm durften die Feldmaus und Däumelinchen mit seiner Erlaubnis nach Herzenslust spazieren. Er bat sie aber, sich nicht vor dem toten Vogel zu erschrecken, der im Gange läge. Es war ein ganzer Vogel mit Federn und Schnabel, der erst ganz kürzlich beim Beginn des Winters gestorben sein konnte und nun gerade da begraben war, wo er seinen Gang angelegt hatte.

Der Maulwurf nahm ein faules Stück Holz in das Maul, weil es im Dunkeln wie Feuer schimmert, ging dann voran und leuchtete ihnen in dem langen, finsteren Gange. Als sie zu der Stelle gelangten, wo der tote Vogel lag, drückte der Maulwurf mit seiner breiten Nase gegen das Gewölbe und stieß die Erde auf,

sodass ein großes Loch entstand, durch welches das Licht hereinschimmerte. Mitten auf dem Boden lag eine tote Schwalbe, die schönen Flügel fest an die Seite gedrückt, die Beine und den Kopf unter die Federn gezogen. Der arme Vogel war sicher vor Kälte gestorben. Däumelinchen hatte inniges Mitleid mit ihr, sie liebte alle die kleinen Vögel, hatten sie ihr doch den ganzen Sommer hindurch so schön etwas vorgesungen und vorgezwitschert, aber der Maulwurf stieß ihn mit seinen kurzen Beinen und sagte: „Nun pfeift er nicht mehr! Es muss doch jämmerlich sein, als kleiner Vogel geboren zu werden! Gott sei Lob, dass es keines meiner Kinder wird. Außer seinem ‚Quivit‘ hat ja ein solcher Vogel durchaus nichts und muss im Winter elendiglich verhungern!"

„Ja, das könnt Ihr als ein vernünftiger Mann wohl sagen!", entgegnete die Feldmaus. „Was hat ein Vogel für all sein ‚Quivit‘, wenn der Winter kommt? Er muss hungern und frieren, doch das wird wohl etwas vorstellen sollen."

Däumelinchen sagte nichts, als aber die beiden anderen dem Vogel den Rücken wandten, neigte sie sich hinab, schob die Federn, die über seinem Kopfe lagen, zur Seite und küsste ihn auf die geschlossenen Augen. Vielleicht war er es, der mir im Sommer so schön etwas vorsang, dachte sie, wie viel Freude hat er mir verschafft, der liebe, schöne Vogel.

Der Maulwurf stopfte nun das Loch, durch

28

welches das Tageslicht hereinschien, wieder zu
und begleitete die Damen nach Hause. Aber in
der Nacht konnte Däumelinchen schlechter-
dings nicht schlafen. Da erhob sie sich von ihrem
Bette und flocht aus Heu einen großen, schönen
Teppich, trug ihn hinunter, breitete ihn über den
toten Vogel aus und legte weiche Baumwolle, die
sie im Zimmer der Feldmaus gefunden hatte, dem
Vogel zur Seite, damit er warm liegen möchte in
der kalten Erde.

„Lebe wohl, du schöner lieber Vogel!", sagte
sie. „Lebe wohl und Dank für deinen herrlichen
Gesang im Sommer, als alle Bäume grün waren
und die Sonne auf uns so warm herniederschien!"
Dann legte sie ihr Köpfchen an des Vogels Brust,
fuhr aber sogleich erschrocken zusammen, denn
es war fast, als ob etwas in derselben klopfte. Das
war des Vogels Herz. Der Vogel war nicht tot, er
lag nur in Betäubung, war jetzt erwärmt worden
und bekam wieder Leben.

Im Herbste fliegen alle Schwalben nach den
warmen Ländern, verspätet sich aber eine, so
friert sie so, dass sie wie tot zur Erde fällt und
liegen bleibt, wohin sie fällt, und der kalte
Schnee seine Decke über sie breitet.

Däumelinchen schauderte ordentlich, so war
sie erschreckt worden, denn der Vogel war ihr ge-
genüber, die kaum Daumeslänge hatte, ja so er-
schrecklich groß, aber sie fasste doch wieder Mut,
legte die Baumwolle dichter um die Schwalbe

und holte ein Krauseminzblatt, dessen sie sich selbst als Deckbettes bedient hatte, und legte es über den Kopf des Vogels.

In der nächsten Nacht schlich sie sich wieder zu ihm hinunter, und nun war er lebendig, aber so matt, dass er nur einen kurzen Augenblick seine Augen zu öffnen und Däumelinchen anzusehen vermochte, die, weil sie kein anderes Lämpchen haben konnte, mit einem Stückchen faulen Holzes in der Hand neben ihm stand.

„Herzlichen Dank, du niedliches kleines Kind!", sagte die kranke Schwalbe zu ihr. „Ich bin vortrefflich erwärmt! Bald erhalte ich meine Kräfte wieder und kann dann draußen im warmen Sonnenschein umherfliegen."

„Ach!", sagte sie, „es ist draußen gar kalt, es schneit und friert! Bleib du in deinem warmen Bettchen, ich werde dich schon pflegen!"

Darauf brachte sie der Schwalbe Wasser in einem Blumenblatte, und diese trank und erzählte ihr, wie sie sich an einem Dornbusche ihren einen Flügel verletzt hätte, was sie verhinderte, so schnell wie die anderen Schwalben zu fliegen, als dieselben weit, weit fort nach den warmen Ländern flogen. Endlich war sie auf die Erde gefallen, aber an Weiteres konnte sie sich nicht mehr erinnern, und sie war völlig unwissend darüber, wie sie hierher gekommen war.

Den ganzen Winter blieb sie nun da unten, und Däumelinchen nahm sich ihrer auf das beste an und hatte sie lieb. Weder der Maulwurf noch die Feldmaus erfuhr das Geringste davon, weil sie die arme Schwalbe nicht mochten.

Sobald der Frühling kam und die Sonne die Erde erwärmte, sagte die Schwalbe Däumelinchen Lebewohl, die nun das Loch öffnete, welches der Maulwurf in der Decke gemacht hatte. Die Sonne schien herrlich auf sie hernieder, und die Schwalbe fragte, ob sie sie begleiten wollte, sie könnte auf ihrem Rücken sitzen, und dann wollten sie weit hinaus in den grünen Wald fliegen. Aber Däumelinchen wusste, dass es die alte Feldmaus betrüben würde, wenn sie sie auf solche Art verließ.

„Nein, ich kann nicht!", sagte Däumelinchen. „Lebe wohl, lebe wohl! du gutes, schönes Mädchen!", sagte die Schwalbe und flog hinaus in den Sonnenschein. Däumelinchen sah ihr nach, und die Tränen traten ihr in die Augen, denn sie hatte die Schwalbe gar lieb.

„Quivit, quivit!", sang der Vogel und flog hinein in den grünen Wald.

Däumelinchen war sehr betrübt. Sie erhielt nie Erlaubnis, in den warmen Sonnenschein hinauszugehen. Das Korn, das auf dem Acker über dem Hause der Feldmaus ausgesät war, wuchs auch hoch in die Luft empor; für das arme kleine Mädchen, das kaum Daumeslänge hatte, war es ein völlig undurchdringlicher Wald.

„Während des Sommers sollst du nun an deiner Aussteuer nähen!", sagte die Feldmaus zu ihr, denn nun hatte der Nachbar, der langweilige Maulwurf in dem schwarzen Samtpelze, sich um sie beworben. „Du sollst sowohl Wollen- wie Leinenzeug haben. Ich will dir Tisch- und Bettzeug mitgeben, wenn du nun die Frau des Maulwurfs wirst!"

Däumelinchen musste nun die Spindel drehen, und die Feldmaus nahm vier Spinnen in Lohn, die Tag und Nacht spinnen und weben mussten. Jeden Abend kam der Maulwurf auf Besuch und sprach nur immer davon, dass, wenn der Sommer vergangen, die Sonne nicht mehr so warm scheinen würde – jetzt brannte sie ja die Erde fest wie einen Stein – ja, wenn der Sommer endlich vorbei wäre, dann wollte er mit Däumelinchen Hochzeit feiern. Sie war aber gar nicht vergnügt, denn sie hatte den langweiligen Maulwurf keineswegs lieb. Jeden Morgen, wenn die Sonne aufging, und jeden Abend, wenn sie unterging, schlich sie sich zur Tür hinaus, und sobald der Wind die Kornähren auseinander wehte, dass sie den blauen Himmel sehen konnte, dachte sie daran, wie hell und schön es hier draußen wäre, und wünschte so sehr, die liebe Schwalbe wiederzusehen; aber die kam nie wieder, die war gewiss weit fort in den schönen grünen Wald geflogen.

Als es nun Herbst wurde, hatte Däumelinchen ihre ganze Aussteuer fertig.

„In vier Wochen sollst du Hochzeit halten!", sagte die Feldmaus zu ihr. Aber Däumelinchen weinte und sagte, sie wollte den langweiligen Maulwurf nicht haben.

„Schnickschnack!", sagte die Feldmaus, „sei nur nicht widerspenstig, sonst muss ich dich mit meinen weißen Zähnen beißen. Es ist ja ein ganz vortrefflicher Mann, den du erhältst. Solchen schwarzen Samtpelz hat selbst die Königin nicht. Seine Küche und sein Keller sind wohl bestellt. Sage du Gott Dank für ihn!"

Nun sollte Hochzeit sein. Der Maulwurf war schon gekommen, Däumelinchen zu holen. Sie sollte bei ihm tief unten unter der Erde wohnen, sollte nie in die warme Sonne hinauskommen, weil er sie nicht ausstehen konnte. Das arme Kind war sehr betrübt, sie sollte nun der schönen Sonne Lebewohl sagen, die sie bei der Feldmaus doch wenigstens von der Tür aus hatte sehen dürfen.

„Lebe wohl, du klarer Sonnenstrahl!", sagte sie und streckte die Ärmchen hoch empor und ging auch eine kurze Strecke vom Hause der Feldmaus fort, denn nun war das Korn geerntet, und nur die dürren Stoppeln standen noch da. „Lebe wohl, lebe wohl!", sagte sie und schlang ihre Ärmchen um eine kleine rote Blume, die daneben stand. „Grüße die liebe Schwalbe von mir, wenn du sie zu sehen bekommst!"

„Quivit, quivit!", ertönte es in demselben Augenblicke über ihrem Kopfe. Sie blickte auf, es war die Schwalbe, die gerade vorüberflog. Sobald sie Däumelinchen gewahrte, wurde sie sehr froh. Sie erzählte derselben, wie ungern sie den garstigen Maulwurf zum Manne nähme und dass sie nun tief unter der Erde wohnen sollte, wo das Sonnenlicht nie hineinschiene. Sie konnte ihrer Tränen dabei sich nicht erwehren.

„Nun kommt der kalte Winter", sagte die Schwalbe, „ich fliege mit nach den warmen Ländern fort. Willst du mich begleiten? Du kannst auf meinem Rücken sitzen! Binde dich nur mit deinem Gürtel fest, dann fliegen wir fort von dem garstigen Maulwurf und seiner finstern Stube, weit fort über die Berge nach den warmen Ländern, wo die Sonne schöner scheint als hier, wo es immer Sommer ist, wo immer schöne Blumen blühen. Fliege nur mit mir, du süßes, kleines Däumelinchen, die du mir das Leben gerettet hast, als ich erfroren in dem finstern Schoße der Erde lag!"

„Ja, ich ziehe mit dir", sagte Däumelinchen und setzte sich auf des Vogels Rücken, mit den Füßen auf seine ausgebreiteten Flügel, band ihren Gürtel an einer der stärksten Federn fest, und nun erhob sich die Schwalbe hoch in die Lüfte, über Wälder und Seen, hoch hinauf über die großen Gebirge, wo immer Schnee liegt. Däumelinchen fror in der kalten Luft, verbarg sich aber unter den warmen Federn des Vogels und hielt nur das Köpfchen hervor, um die herrliche Gegend unter sich zu betrachten.

Endlich kamen sie nach den warmen Ländern. Dort schien die Sonne weit heller als hier, der Himmel war doppelt so hoch, und an Gräben und Hecken wuchsen die herrlichsten grünen und blauen Weintrauben. In den Wäldern hingen Zitronen und Apfelsinen, Myrten und Krauseminze erfüllten alles mit ihrem Duft, und auf den Landstraßen sprangen die hübschesten Kinder und spielten mit großen, bunten Schmetterlingen. Aber die Schwalbe flog immer noch weiter, und es wurde schöner und schöner. Unter den prachtvollsten grünen Bäumen an dem blauen See stand seit alten Zeiten ein weißes Marmorschloss. Weinreben rankten sich um hohe Säulen; an der äußersten Spitze waren viele Schwalbennester, und in einem derselben wohnte die Schwalbe, welche Däumelinchen trug.

„Hier ist mein Haus!", sagte die Schwalbe. „Suche du dir aber selbst eine der prächtigsten Blumen aus, die da unten wachsen, und ich will dich dann hinaufsetzen, und dein Los wird so glücklich sein, als du nur irgend wünschen kannst!"

„Oh wie herrlich!", sagte sie und klatschte in die kleinen Händchen.

Da lag eine große, weiße Marmorsäule, die zur Erde gesunken und in drei Stücke zerborsten war, zwischen ihnen aber wuchsen die schönsten großen, weißen Blumen. Die Schwalbe flog mit Däumelinchen hinunter und setzte sie auf eines der breiten Blätter. Aber wer malt ihr Erstaunen: Mitten in der Blume saß ein kleiner Mann, so weiß und durchsichtig, wie wenn er von Glas wäre. Die niedlichste goldene Krone hatte er auf dem Kopfe und die prächtigsten hellen Flügel an den Schultern. Er selbst war nicht größer als Däumelinchen. Es war der

Engel der Blumen. In jeder Blume wohnte so ein kleiner Mann oder eine Frau, dieser aber war der König über alle.

„Gott, wie schön er ist!", raunte Däumelinchen der Schwalbe zu.

Der kleine Prinz erschrak gewaltig vor der Schwalbe, denn gegen ihn, der so klein und fein war, schien sie ein wahrer Riesenvogel zu sein. Als er aber Däumelinchen gewahrte, ward er gar froh, war sie doch das allerschönste Mädchen, das er bis jetzt gesehen hatte. Deshalb nahm er die Goldkrone von seinem Haupte und setzte sie ihr auf, fragte, wie sie hieße und ob sie seine Gemahlin sein wollte, dann sollte sie Königin über alle Blumen werden. Potztausend! Das war doch ein anderer Mann als der Sohn der Kröte und der Maulwurf mit dem schwarzen Samtpelz. Sie gab deshalb dem schönen Prinzen das Jawort, und von jeder Blume kam eine Dame oder ein Herr, so allerliebst, dass es eine Lust war. Jedes brachte Däumelinchen ein Geschenk, aber das Beste von allen waren ein Paar schöne Flügel von einer großen weißen Fliege. Sie wurden Däumelinchen am Rücken befestigt, und nun konnte auch sie von Blume zu Blume fliegen. Überall herrschte darüber Freude, und die Schwalbe saß oben in ihrem Neste und sang ihnen etwas vor, so gut sie vermochte, aber im Herzen war sie gleichwohl betrübt, denn sie hatte Däumelinchen gar lieb und würde sich nie von ihr getrennt haben.

„Du sollst fortan nicht mehr Däumelinchen heißen!", sagte der Engel der Blumen zu ihr. „Das ist ein hässlicher Name, und du bist so schön. Wir wollen dich Maja nennen!"

„Lebe wohl, lebe wohl!", sagte die Schwalbe und zog wieder fort aus den warmen Ländern, weit fort nach unserem kalten Himmelsstriche. Dort hatte sie ein kleines Nest oben an dem Fenster, wo der Mann wohnt, der Märchen erzählen kann. Dem sang sie ihr „Quivit, quivit" vor. Davon haben wir die ganze Geschichte.

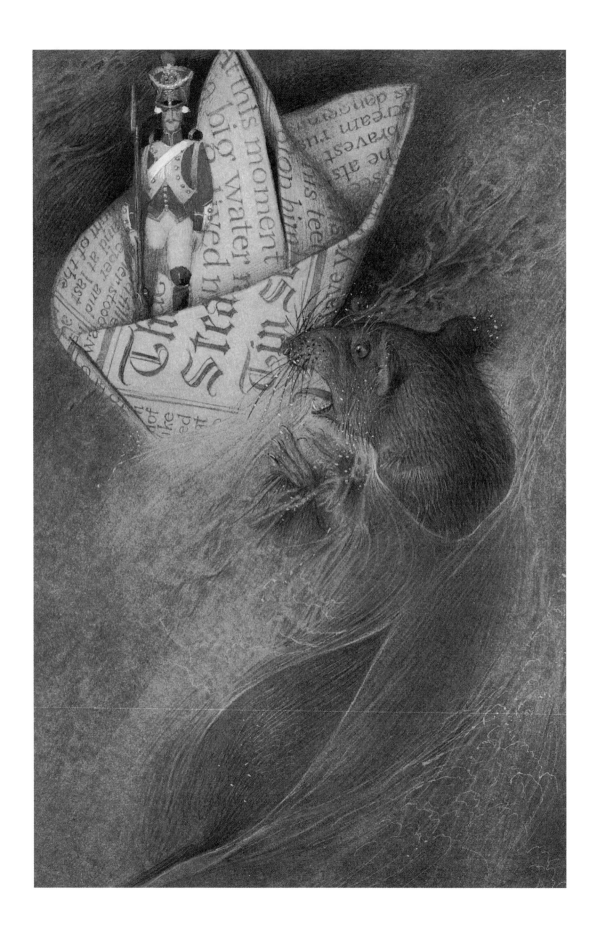

Der standhafte Zinnsoldat

Es waren einmal fünfundzwanzig Zinnsoldaten, die alle Brüder waren, da man sie aus einem und demselben alten Zinnlöffel gegossen hatte. Das Gewehr hielten sie im Arm, das Gesicht vorwärts gegen den Feind gerichtet; rot und blau, kurzum, herrlich war die Uniform. Das allererste, was sie in dieser Welt hörten, nachdem der Deckel von der Schachtel, in der sie lagen, abgenommen wurde, war das Wort „Zinnsoldaten!". Das rief ein kleiner Knabe und klatschte vor Wonne in die Hände. Er hatte sie zu seinem Geburtstage bekommen und stellte sie nun auf dem Tisch in Schlachtordnung auf. Der eine Soldat glich dem anderen auf das Genaueste, nur ein einziger war etwas verschieden: Er hatte nur ein Bein, denn da er zuletzt gegossen worden, hatte das Zinn nicht mehr ausgereicht; doch stand er auf seinem einen Beine ebenso fest wie die anderen auf ihren beiden, und gerade er sollte sich durch sein denkwürdiges Schicksal besonders auszeichnen.

Auf dem Tische, wo sie aufgestellt wurden, stand noch viel anderes Spielzeug; aber dasjenige, das am meisten Aufmerksamkeit auf sich zog, war ein hübsches Schloss aus Papier. Durch die kleinen Fenster konnte man inwendig in die Säle hineinschauen. Vor demselben standen kleine Bäume, ringsum ein Stück Spiegelglas, das einen See vorstellen sollte. Schwäne von Wachs schwammen auf demselben und spiegelten sich darin. Das war wohl alles niedlich, aber das niedlichste blieb doch ein kleines Mädchen, das mitten in dem offenen Schlossportale stand. Es war ebenfalls aus Papier ausgeschnitten, hatte aber ein seidenes Kleid an und ein kleines, schmales, blaues Band über den Schultern; mitten auf diesem saß ein funkelnder Stern, so groß wie ihr ganzes Gesicht. Das kleine Mädchen streckte ihre beiden Arme anmutig in die Höhe, denn sie war eine Tänzerin, und dann erhob sie das eine Bein so hoch, dass es der Zinnsoldat gar nicht entdecken konnte und dachte, dass sie, wie er, nur ein Bein hätte.

Die passte für mich als Frau!, dachte er, aber sie ist zu vornehm für mich, sie wohnt in einem Schlosse, und ich habe nur eine Schachtel, die ich mit vierundzwanzig teilen muss, das ist keine Wohnung für sie. Doch will ich zusehen, ob ich ihre Bekanntschaft machen kann! Dann legte er sich der Länge nach hinter eine Schnupftabaksdose, die auf dem Tische stand. Von hier konnte er die kleine feine Dame, die nicht müde wurde, auf einem Bein zu stehen, ohne das Gleichgewicht zu verlieren, genau beobachten.

Als es Abend wurde, legte man die übrigen Zinnsoldaten in ihre Schachtel, und die Leute im Hause gingen zu Bette. Nun begann das Spielzeug zu spielen, bald „Heut kommt Besuch", bald „Räuber und Stadtsoldaten" oder „Versteck". Die Zinnsoldaten rasselten in ihrer Schachtel, weil sie gerne mit dabei gewesen wären, sie vermochten aber den Deckel nicht aufzuheben. Der Nussknacker schlug Purzelbäume, und der Griffel fuhr lustig über die Tafel hin. Es entstand ein Lärm, dass der Kanarienvogel aufwachte und seinen Gesang mit hineinschmetterte, aber nur in Versen. Die beiden Einzigen, die sich nicht von der Stelle bewegten, waren der Zinnsoldat und die kleine Tänzerin. Sie stand kerzengerade auf der Zehenspitze und hatte beide Arme erhoben; er war auf seinem einen Beine ebenso standhaft, nicht einen Augenblick wandte er seine Augen von ihr ab.

Jetzt schlug es Mitternacht und klatsch! sprang der Deckel von der Schnupftabaksdose, aber nicht etwa Schnupftabak war darin, nein, sondern ein kleiner schwarzer Kobold; das war ein Kunststück.

„Zinnsoldat!", sagte der Kobold, „du wirst dir noch die Augen aussehen!"

38

Aber der Zinnsoldat tat, als ob er es nicht hörte.

„Ja, warte nur bis morgen!", sagte der Kobold.

Als es nun Morgen ward und die Kinder aufstanden, wurde der Zinnsoldat in das offene Fenster gestellt, und war es nun der Kobold oder ein Zugwind, gleichviel, plötzlich flog das Fenster auf, und der Soldat fiel aus dem dritten Stockwerke häuptlings hinunter. Das war ein schrecklicher Sturz, er streckte sein eines Bein gerade in die Luft und blieb auf dem Helme, das Bajonett nach unten, zwischen den Pflastersteinen stecken.

Die Dienstmagd und der kleine Knabe liefen sogleich hinunter, um ihn zu suchen; aber obgleich sie beinahe auf ihn getreten wären, konnten sie ihn doch nicht erblicken. Hätte der Zinnsoldat gerufen: „Hier bin ich!", so würden sie ihn gewiss gefunden haben, da er aber in Uniform war, hielt er es nicht für passend, so laut zu schreien.

Nun begann es zu regnen; Tropfen folgte auf Tropfen, bis es ein tüchtiger Platzregen wurde; als er vorüber war, kamen zwei Straßenjungen dorthin.

„Sieh, sieh!", sagte der eine, „da liegt ein Zinnsoldat, der muss hinaus und segeln!"

Nun machten sie ein Boot aus Zeitungspapier, setzten den Zinnsoldaten mitten hinein und ließen ihn den Rinnstein hinuntersegeln. Beide Knaben liefen nebenher und klatschten in die Hände. Hilf Himmel, was für Wellen erhoben sich in dem Rinnstein, und welch reißender Strom war da! Ja, es musste der Regen stromweise herniedergerauscht sein. Das Papierboot schwankte auf und nieder, und bisweilen drehte es sich im Kreise, dass den Zinnsoldaten ein Schauer überlief. Trotzdem blieb er standhaft, verfärbte sich nicht, sah nur vorwärts und behielt das Gewehr im Arm.

Plötzlich trieb das Boot unter eine lange Rinnsteinbrücke; hier herrschte eine gleiche Finsternis wie in seiner Schachtel.

Wo mag ich jetzt nur hinkommen?, dachte er. Ja, ja, das ist des Kobolds Schuld! Ach, säße doch das kleine Mädchen hier im Boote, dann könnte es getrost noch einmal so finster sein!

39

In diesem Augenblicke erschien eine große Wasserratte, die unter der Rinnsteinbrücke ihre Wohnung hatte.

„Hast du einen Pass?", fragte die Ratte. „Her mit dem Pass!"

Aber der Zinnsoldat schwieg still und hielt sein Gewehr nur noch fester. Das Boot fuhr weiter und die Ratte hinterher. Hu! wie sie mit den Zähnen knirschte und den Spänen und dem Stroh zurief: „Haltet ihn auf, haltet ihn auf! Er hat keinen Zoll bezahlt, er hat seinen Pass nicht vorgezeigt!"

Aber die Strömung wurde stärker und stärker; der Zinnsoldat konnte, schon ehe er das Ende des Brettes erreichte, den hellen Tag erblicken, aber er hörte zugleich einen brausenden Ton, der auch eines tapferen Mannes Herz erschrecken konnte. Denkt euch, der Rinnstein stürzte am Ende der Brücke gerade in einen großen Kanal hinab, was ihm gleiche Gefahr bringen musste als uns, einen großen Wasserfall hinunterzusegeln.

Er war jetzt schon so nahe dabei, dass er nicht mehr anzuhalten vermochte. Das Boot fuhr hinab, der arme Zinnsoldat hielt sich, so gut es gehen wollte, aufrecht. Niemand sollte ihm nachsagen können, dass er auch nur mit den Augen geblinkt hätte. Das Boot drehte sich drei-, viermal um sich selbst und füllte sich dabei bis zum Rande mit Wasser, es musste sinken. Der Zinnsoldat stand bis zum Halse im Wasser, und tiefer und tiefer sank das Boot. Mehr und mehr löste sich das Papier auf; jetzt ging das Wasser schon über des Soldaten Haupt – da dachte er an die kleine, niedliche Tänzerin, die er nie mehr erblicken sollte; und es klang vor des Zinnsoldaten Ohren:

„Morgenrot, Morgenrot,
Leuchtest mir zum frühen Tod!"

Nun zerriss das Papier, und der Zinnsoldat fiel hindurch, wurde aber in demselben Augenblicke von einem großen Fische verschlungen.

Nein, wie finster war es da drinnen; da war es noch schlimmer als unter der Rinnsteinbrücke, und vor allen Dingen sogar eng. Gleichwohl war der Zinnsoldat standhaft und lag, so lang er war, mit dem Gewehre im Arme.

40

Der Fisch fuhr umher und machte die entsetzlichsten Bewegungen; endlich wurde es ganz still, und wie ein Blitzstrahl fuhr es durch ihn hin. Dann drang ein heller Lichtglanz hinein und jemand rief laut: „Der Zinnsoldat!" Der Fisch war gefangen worden, auf den Markt gebracht, verkauft und in die Küche hinaufgekommen, wo ihn die Magd mit einem großen Messer aufschnitt. Sie fasste den Soldaten mitten um den Leib und trug ihn in die Stube hinein, wo sämtliche einen so merkwürdigen Mann sehen wollten, der im Magen eines Fisches umhergereist war; der Zinnsoldat war jedoch darauf gar nicht stolz. Man stellte ihn auf den Tisch, und da – nein, wie wunderlich kann es doch in der Welt zugehen, befand sich der Zinnsoldat in der selben Stube, in der er vorher gewesen war, er sah dieselben Kinder, und dasselbe Spielzeug stand auf dem Tische: das herrliche Schloss mit der niedlichen kleinen Tänzerin. Sie hielt sich immer noch auf dem einen Beine und hatte das andere hoch in der Luft, sie war ebenfalls standhaft. Das rührte den Zinnsoldaten so, dass er beinahe Zinn geweint hätte, aber das schickte sich nicht. Er sah sie und sie sah ihn an, aber sie sagten einander nichts.

Plötzlich ergriff der eine der kleinen Knaben den Zinnsoldaten und warf ihn gerade in den Ofen, obwohl er gar keinen Grund dazu hatte. Sicherlich trug der Kobold in der Dose die Schuld daran.

Der Zinnsoldat stand ganz beleuchtet da und fühlte eine schreckliche Hitze, ob sie aber die Folge des wirklichen Feuers oder seiner übergroßen Liebesglut war, das konnte er nicht unterscheiden. Alle Farbe war von ihm gewichen; ob dies auf der Reise geschehen oder ob es von seinem tiefen Grame herrührte, wusste niemand zu sagen. Er sah das kleine Mädchen an und dies sah ihn an. Er fühlte, dass er schmölze, aber noch stand er standhaft mit dem Gewehre im Arm. Da ging eine Tür auf, der Wind ergriff die Tänzerin, und sie flog wie eine Sylphide ebenfalls gerade in den Kachelofen zum Zinnsoldaten hin, loderte in hellen Flammen auf und war verschwunden. Da schmolz der Zinnsoldat zu einem Klumpen zusammen, und als die Magd am nächsten Tage die Asche herausnahm, fand sie ihn als ein kleines Zinnherz. Von der Tänzerin war dagegen nur der Stern übrig, und der war kohlschwarz gebrannt.

41

Die Nachtigall

n China, das wird dir wohl bekannt sein, ist der Kaiser ein Chinese, und alle, die ihn umgeben, sind auch Chinesen. Es sind nun schon viele Jahre her, aber gerade deshalb ist es der Mühe wert, die Geschichte zu hören, denn man vergisst sie sonst. Das Schloss des Kaisers war das prächtigste in der Welt, durch und durch von feinem Porzellan, so kostbar, aber auch so zerbrechlich, so gefährlich, daran zu rühren, dass man sich ordentlich in Acht nehmen musste. Im Garten sah man die merkwürdigsten Blumen, und an den allerprächtigsten waren silberne Glocken befestigt, die fortwährend tönten, damit man nicht vorüberginge, ohne die Blumen zu bemerken. Alles war im Garten des Kaisers auf das scharfsinnigste ausgegrübelt, und er erstreckte sich so weit, dass selbst der Gärtner das Ende desselben nicht kannte. Schritt man rüstig weiter, so gelangte man in den herrlichsten Wald mit hohen Bäumen und tiefen Seen. Der Wald stieß an das Meer, das blau und tief war. Große Schiffe konnten unter den überhängenden Zweigen hinsegeln, und in diesen wohnte eine Nachtigall, die so schmelzend sang, dass selbst der arme Fischer, der vollauf von seinem Geschäfte in Anspruch genommen war, still lag und lauschte, wenn er nachts ausgefahren war, sein Netz aufzuziehen, und dann die Nachtigall hörte. „Mein Gott, wie ist das schön!", sagte er, dann aber musste er seinem Gewerbe nachgehen und vergaß den Vogel. Doch wenn derselbe in der nächsten Nacht wieder sang und der Fischer dorthin kam, wiederholte er: „Mein Gott, wie ist das doch schön!"

Von allen Ländern der Welt kamen Reisende nach der Stadt des Kaisers und bewunderten dieselbe, das Schloss und den Garten, vernahmen sie aber die Nachtigall, dann sagten sie alle: „Das ist doch das Allerbeste!"

Die Reisenden erzählten davon nach ihrer Heimkunft, und die Gelehrten schrieben Bücher über die Stadt, das Schloss und den Garten, aber die Nachtigall vergaßen sie nicht, der wurde das Hauptkapitel gewidmet; und die, welche dichten konnten, schrieben die herrlichsten Gedichte über die Nachtigall im Walde bei dem tiefen See.

Die Bücher wurden in alle Sprachen übersetzt, und einige gerieten dann auch einmal dem Kaiser in die Hände. Er saß in seinem goldenen Stuhl, las und las und nickte jeden Augenblick mit dem Kopfe, denn es freute ihn, diese prächtigen Beschreibungen von der Stadt, dem Schlosse und dem Garten zu vernehmen.

„Aber die Nachtigall ist doch das Allerbeste!", stand da geschrieben.

„Was soll das heißen?", sagte der Kaiser. „Die Nachtigall? Die kenne ich ja gar nicht. Gibt es einen solchen Vogel in meinem Kaiserreiche und sogar in meinem eigenen Garten? Davon habe ich nie gehört! So etwas muss man erst aus den Büchern erfahren!"

Darauf rief er seinen Kavalier, der so vornehm war, dass er, wenn ihn ein Geringerer anzureden begann oder um etwas zu fragen wagte, nichts als „P!" antwortete, und „P!" hat doch nichts zu bedeuten.

„Hier soll sich ja ein höchst merkwürdiger Vogel aufhalten, der Nachtigall genannt wird!", redete ihn der Kaiser an. „Man sagt, dass er das Allerbeste in meinem großen Reiche ist! Weshalb hat man mir nie etwas von demselben gesagt?"

„Ich habe ihn nie vorher nennen hören!", sagte der Kavalier. „Er ist nie bei Hofe vorgestellt worden!"

„Ich will, dass er heute Abend herkommt und vor mir singt!", fuhr der Kaiser fort. „Die ganze Welt weiß, was ich habe, und ich weiß es nicht."

„Ich habe ihn nie vorher nennen hören!", entgegnete der Kavalier. „Aber ich werde ihn suchen, ich werde ihn finden!"

Aber wo war er zu finden? Der Kavalier lief treppauf und treppab, durch Säle und Gänge, keiner von allen, die er traf, hatte von der Nachtigall je reden hören; und der Kavalier lief wieder zum Kaiser und behauptete, es müsste gewiss eine Fabel der Buchschreiber sein. „Eure kaiserliche Majestät können sich gar nicht vorstellen, was alles geschrieben wird. Das sind Erdichtungen und gehören zur so genannten schwarzen Kunst!"

„Allein das Buch, in dem ich gelesen habe", versetzte der Kaiser, „ist mir von dem großmächtigen Kaiser von Japan geschickt worden, und folglich kann es keine Unwahrheit sein. Ich will die Nachtigall hören! Sie soll heute Abend hier sein! Sie steht in meiner allerhöchsten Gnade! Und kommt sie nicht, so lasse ich den ganzen Hof, wenn er Abendbrot gegessen hat, auf den Bauch treten!"

„Tsing-Pe!", sagte der Kavalier und lief wieder treppauf und treppab, durch alle Säle und Gänge. Der halbe Hof lief mit, denn sie wollten sich nicht gern auf den Bauch treten lassen. Da war ein Fragen nach der merkwürdigen Nachtigall, die alle Welt kannte, nur niemand bei Hofe.

Endlich trafen sie ein kleines, armes Küchenmädchen. Sie sagte: „O Gott, die Nachtigall! Die kenne ich gut! Ja, wie kann die singen! Jeden Abend darf ich meiner armen kranken Mutter einige Speisereste bringen. Sie wohnt unten am Meeresufer, und wenn ich zurückkehre, müde bin und im Walde ruhe, dann höre ich die Nachtigall singen. Die Tränen treten mir dabei in die Augen, es kommt mir geradeso vor, als ob mich meine Mutter küsste!"

„Kleines Küchenmädchen!", sagte der Kavalier, „ich will Ihr eine feste An-stellung in der Küche und die Erlaubnis, den Kaiser speisen zu sehen, verschaffen, falls Sie uns zur Nachtigall führen kann, denn sie ist heute Abend zum Gesang befohlen!"

Darauf zogen sie alle nach dem Walde hinaus, wo die Nachtigall zu singen pflegte; der halbe Hof war mit. Als sie im besten Marsche waren, fing eine Kuh zu brüllen an.

„Oh!", sagte ein Hofjunker, „nun haben wir sie! Es steckt doch wirklich eine ganz außerordentliche Kraft in einem so kleinen Tierchen. Ich habe sie sicher schon früher einmal gehört!"

„Nein, das sind Kühe, welche brüllen!", sagte das kleine Küchenmädchen. „Wir sind noch weit von der Stelle entfernt!"

Jetzt quakten Frösche im Sumpfe.

„Herrlich!", sagte der chinesische Schlossprediger. „Nun höre ich sie; es klingt gerade wie kleine Kirchenglocken!"

„Nein, das sind die Frösche!", versetzte das kleine Küchenmädchen. „Aber nun werden wir sie, denke ich, bald hören!"

Da begann die Nachtigall zu schlagen.

„Das ist sie!", rief das kleine Mädchen. „Hört, hört, und dort sitzt sie!", und dabei zeigte sie auf einen kleinen, grauen Vogel oben in den Zweigen.

„Ist es möglich!", sagte der Kavalier. „So hätte ich sie mir nimmer vorgestellt! Wie einfach sie aussieht! Sie ist sicher erbleicht, weil sie so viele vornehme Leute um sich sieht!"

„Kleine Nachtigall!", rief das kleine Küchenmädchen ganz laut, „unser allergnädigster Kaiser wünscht, dass du vor ihm singst!"

„Mit größtem Vergnügen!", erwiderte die Nachtigall und sang dann, dass es eine wahre Lust war.

„Es klingt gerade wie Glasglocken!", sagte der Kavalier. „Und seht nur die kleine Kehle, wie die sich anstrengt! Es ist merkwürdig, dass wir sie früher nie gehört haben! Sie wird einen großen Erfolg bei Hofe haben!"

„Soll ich noch einmal vor dem Kaiser singen?", fragte die Nachtigall, welche glaubte, dass der Kaiser zugegen wäre.

„Meine vortreffliche, liebe Nachtigall!", sagte der Kavalier, „ich habe die große Freude, Sie zu einem Hoffeste heute Abend zu befehlen, wo Sie Seine Kaiserliche Gnaden mit Ihrem reizenden Gesang bezaubern sollen!"

„Es nimmt sich im Grünen am besten aus!", entgegnete die Nachtigall, aber sie ging doch mit, als sie hörte, dass es der Kaiser wünschte.

Im Schlosse war alles im festlichen Staate. Wände und Fußboden, die von Porzellan waren, erglänzten im Scheine vieler tausend goldener Lampen. Die schönsten Blumen, die recht laut klingeln konnten, waren in den Gängen aufgestellt. Da war ein Laufen und machte sich ein gewaltiger Zugwind fühlbar, und alle Glocken klingelten so unaufhörlich, dass man sein eigenes Wort nicht verstehen konnte.

Mitten in dem Saale, in dem der Kaiser saß, war eine kleine goldene Säule aufgestellt, auf welcher die Nachtigall sitzen sollte. Der ganze Hof war dort versammelt, und das kleine Küchenmädchen hatte die Erlaubnis erhalten, hinter der Tür zu stehen, da ihr nun der Titel einer wirklichen Hofköchin beigelegt war. Alle hatten ihre Festgewänder angelegt, und alle sahen den kleinen, grauen Vogel an, dem der Kaiser zunickte.

Die Nachtigall sang so lieblich, dass dem Kaiser Tränen in die Augen traten; die Tränen liefen ihm über die Wangen hinab, und nun sang die Nachtigall noch schöner, dass es recht zu Herzen ging. Der Kaiser war so froh und zufrieden, dass er zu bestimmen geruhte, die Nachtigall sollte einen goldenen Pantoffel um den Hals tragen. Die Nachtigall aber dankte, sie hätte schon eine hinreichende Belohnung erhalten.

„Ich habe Tränen in den Augen des Kaisers gesehen, das ist mir der reichste Schatz! Eines Kaisers Tränen haben eine wunderbare Macht! Gott weiß, ich bin belohnt genug!" Dann sang sie wieder mit ihrer süßen bezaubernden Stimme.

„Das ist die liebenswürdigste Art, sich Gunst zu erwerben!", sagten die Damen ringsherum, und dann nahmen sie Wasser in den Mund, um zu schluchzen, wenn jemand mit ihnen spräche. Sie hielten sich dann ebenfalls für Nachtigallen. Ja selbst die Diener und Kammermädchen ließen ihre höchste

Zufriedenheit melden, und das will viel sagen, denn gerade sie erheben die größten Ansprüche. Ja, die Nachtigall machte wirklich Glück.

Sie sollte nun bei Hofe bleiben, ihren eigenen Käfig haben und die Freiheit genießen, zweimal des Tages und einmal des Nachts sich im Freien zu ergehen. Zwölf Diener mussten sie begleiten, die sie alle an einem um das eine Bein geschlungenen Bande festhielten. Es war gerade kein Vergnügen bei dergleichen Ausgängen.

Die ganze Stadt sprach nur von dem merkwürdigen Vogel, und begegneten sich zwei, so seufzten sie und stellten sich so verzückt, als ob es mit ihnen nicht ganz richtig wäre. Ja, elf Krämerkinder wurden nach ihr benannt, obwohl ihre Stimmmittel keine große Anlage zur Gesangskunst verrieten.

Eines Tages wurde dem Kaiser eine große Kiste überreicht, auf der geschrieben stand: „Nachtigall!"

„Da haben wir nun ein neues Buch über unseren berühmten Vogel!", sagte der Kaiser; aber es war kein Buch, es war ein kleines Kunstwerk, das in einer Schachtel lag, eine künstliche Nachtigall, die der lebendigen ähneln sollte, aber überall mit Diamanten, Rubinen und Saphiren besetzt war. Sobald man den künstlichen Vogel aufzog, konnte er eins der Stücke singen, welche die wirkliche Nachtigall sang, und dabei bewegte er den Schwanz auf und nieder und glänzte von

Silber und Gold. Um den Hals hing ihm ein Bändchen, auf dem geschrieben stand: „Die Nachtigall des Kaisers von Japan ist arm gegen die des Kaisers von China!"

„Das ist herrlich!", sagten sie sämtlich, und derjenige, der den künstlichen Vogel überbracht hatte, erhielt sofort den Titel eines kaiserlichen Oberhofnachtigallenüberbringers.

„Nun müssen sie zusammen singen! Was wird das für ein Duett werden!"

So mussten sie denn zusammen singen, aber es wollte nicht recht gehen, denn die wirkliche Nachtigall ging auf ihre Art und der Kunstvogel ging auf Walzen. „Der trägt nicht die Schuld!", sagte der Spielmeister. „Der ist besonders taktfest und ganz aus meiner Schule!" Nun sollte der Kunstvogel allein singen. – Er machte ein ebenso großes Glück wie der wirkliche, und dann bot er auch einen viel niedlicheren Anblick dar; er funkelte wie Armbänder und Brustnadeln.

Dreiunddreißigmal sang er ein und dasselbe Stück und wurde doch nicht müde. Die Leute hätten ihn gern wieder von vorn gehört, doch meinte der Kaiser, dass nun auch die lebendige Nachtigall etwas vortragen sollte – aber wo war diese? Niemand hatte bemerkt, dass sie zum offenen Fenster hinausgeflogen war, fort zu ihren grünen Wäldern.

„Aber was ist denn das?", rief der Kaiser; und alle Hofleute schalten und meinten, die Nachtigall

49

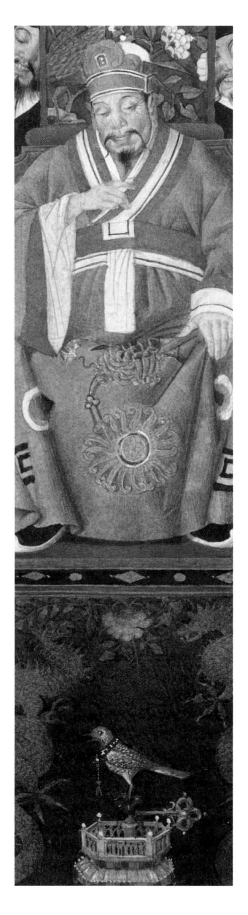

wäre ein höchst undankbares Tier. „Den besten Vogel haben wir doch!", trösteten sie sich, und so musste der Kunstvogel wieder singen, und das war das vierunddreißigste Mal, dass ihnen dasselbe Stück vorgespielt wurde, aber sie kannten es immer noch nicht vollkommen, denn es war gar schwer. Der Spielmeister lobte den Vogel über alle Maßen, ja, er versicherte, er wäre besser als die wirkliche Nachtigall, nicht nur was die Kleider und die vielen strahlenden Diamanten anlangte, sondern auch in Hinsicht des Inwendigen.

„Denn sehen Sie, meine Herrschaften, und vor allen Eure Kaiserliche Gnaden!, bei der wirklichen Nachtigall kann man nie berechnen, was da kommen wird, aber bei dem Kunstvogel ist alles bestimmt. So wird es und nicht anders. Man kann Rechenschaft darüber ablegen, man kann ihn öffnen, kann die menschliche Berechnung nachweisen, zeigen, wie die Walzen liegen, wie sie gehen und wie sich eins aus dem anderen ergibt –!"

„Das sind ganz meine Gedanken!", behaupteten alle, und der Spielmeister erhielt Erlaubnis, den Vogel am nächsten Sonntage dem Volke vorzuweisen. „Sie sollen ihn auch singen hören!", sagte der Kaiser, und sie hörten ihn und wurden so aufgeräumt, als hätten sie sich im Tee berauscht, denn das ist echt chinesisch. Und alle riefen: „Oh!", und hielten nach ihrer Sitte einen Finger in die Höhe und nickten dabei. Aber die armen

Fischer, welche die wirkliche Nachtigall gehört hatten, meinten: „Das klingt wohl ganz hübsch, es lässt sich auch eine Ähnlichkeit der Melodie nicht ableugnen, aber es fehlt etwas – etwas – ich weiß es nur nicht recht auszudrücken!"

Die wirkliche Nachtigall ward aus Land und Reich verwiesen.

Der Kunstvogel hatte seinen Platz auf einem seidenen Kissen, unmittelbar neben dem Bette des Kaisers. Alle Geschenke, die er erhalten hatte, Gold und Edelsteine, lagen rings um ihn her, und im Titel war er bereits bis zum „Hochkaiserlichen Nachttischsänger" mit dem Range eines Rates erster Klasse zur linken Seite aufgestiegen. Der Kaiser hielt nämlich die Seite für die vornehmste, auf welcher das Herz säße, und das Herz sitzt auch bei einem Kaiser auf der linken. Der Spielmeister aber schrieb fünfundzwanzig dicke Bände über den Kunstvogel. Es war dies Werk so gelehrt und so lang, wimmelte so sehr von den allerschwersten chinesischen Wörtern, dass alle Leute behaupteten, sie hätten es gelesen und verstanden, denn sonst wären sie ja dumm gewesen und auf den Bauch getreten worden.

So ging es ein ganzes Jahr: Der Kaiser, der Hof und alle anderen Chinesen kannten jeden Laut in dem Gesang des Kunstvogels auswendig, aber gerade deshalb hielten sie die größten Stücke auf ihn. Sie konnten selbst mitsingen und taten es. Die Gassenbuben sangen: „Zizizi! Kluckkluckkluck!", und der Kaiser sang es. Oh, es war himmlisch!

Aber eines Abends, als der Kunstvogel gerade am besten sang und der Kaiser im Bette lag und zuhörte, ging es inwendig im Vogel: „Schwupp!" Da sprang etwas: „Schnurrrrr!" Alle Räder liefen herum, und dann schwieg die Musik.

Der Kaiser sprang sogleich aus dem Bette und ließ seinen Leibarzt holen, aber was konnte der helfen? Dann schickte man nach dem Uhrmacher, und nach vielem Fragen und vielem Untersuchen setzte er den Vogel wenigstens einigermaßen wieder instand, erklärte aber, er müsste sehr geschont werden, denn die Zapfen wären abgenutzt und es wäre unmöglich, neue dergestalt einzusetzen, dass die Musik sicher ginge. Da war nun große Trauer! Jährlich durfte man den Kunstvogel nur einmal singen lassen, und schon das war ein großes Wagnis.

Dann aber hielt der Spielmeister eine kleine Rede und versicherte, dass es noch ebenso gut wäre wie früher, und dann war es ebenso gut wie früher.

Nun waren fünf Jahre verstrichen, als das ganze Land plötzlich eine wirkliche Ursache zu großer Trauer bekam. Im Grunde hielten alle viel von ihrem Kaiser, und nun war er krank und konnte, wie man sagte, nicht länger leben. Ein neuer Kaiser war schon im Voraus gewählt, und das Volk stand draußen auf der Straße und fragte den Kavalier, wie es mit ihrem Herrn stände.

„P!", sagte er und schüttelte den Kopf.

Kalt und bleich lag der Kaiser in seinem großen prächtigen Bette; der ganze Hof hielt ihn für tot, und jeder lief, dem neuen Kaiser seine Aufwartung zu machen; die Kammerdiener liefen hinaus, um darüber zu plaudern, und die Schlossmägde hielten große Kaffeegesellschaft. Ringsumher in allen Sälen und Gängen waren Tuchdecken gelegt, damit man keinen Tritt vernähme, und deshalb war es überall so still, so still. Aber der Kaiser war noch nicht tot. Steif und bleich lag er in dem prächtigen Bette mit den langen Samtvorhängen und den schweren Goldquasten. Hoch oben stand ein Fenster offen, und der Mond schien herein auf den Kaiser und den Kunstvogel.

Der arme Kaiser konnte kaum noch atmen, es war ihm, als ob etwas auf seiner Brust läge. Er schlug die Augen auf, und da sah er, dass es der Tod war, der auf seiner Brust saß. Er hatte sich seine goldene Krone aufgesetzt und hielt in der einen Hand den goldenen Säbel des Kaisers und in der anderen dessen prächtige Fahne. Aus den Falten der großen Samtvorhänge schauten ringsumher seltsame Köpfe hervor, einige sehr hässlich, andere Frieden verheißend und mild. Es waren alle bösen und guten Taten des Kaisers, die ihn jetzt, wo der Tod auf seinem Herzen saß, anblickten.

„Erinnerst du dich dessen?", flüsterte eine nach der anderen. „Erinnerst du dich dessen?", und dann erzählten sie ihm so viel, dass ihm der Schweiß von der Stirn lief.

„Das habe ich nie gewusst!", seufzte der Kaiser. „Musik, Musik, die große chinesische Trommel!", rief er. „Damit ich nicht das alles höre, was sie sagen!"

Aber sie verstummten nicht, und der Tod nickte wie ein Chinese zu allem, was gesagt wurde.

„Musik, Musik!", schrie der Kaiser. „Du kleiner lieblicher Goldvogel, singe doch, singe! Ich habe dir Gold und Kostbarkeiten gegeben, ich habe dir selbst meinen goldenen Pantoffel um den Hals gehängt, singe doch, singe!"

Aber der Vogel schwieg, es war niemand da, ihn aufzuziehen, und sonst sang er nicht. Aber der Tod fuhr fort, ihn mit seinen großen, leeren Augenhöhlen anzuschauen, und es war so still, so schrecklich still.

Da ertönte plötzlich, dicht neben dem Fenster, der herrlichste Gesang. Er rührte von der kleinen, lebenden Nachtigall her, die draußen auf einem Zweige saß. Sie hatte von ihres Kaisers Not gehört und war deshalb gekommen, ihm Trost und Hoffnung zuzusingen. Und wie sie sang, erbleichten die Spukgestalten mehr und mehr, immer rascher pulsierte das Blut in des Kaisers schwachem Körper, und selbst der Tod lauschte und sagte: „Fahre fort, kleine Nachtigall, fahre fort!"

„Ja, wenn du mir den prächtigen goldenen Säbel geben willst; wenn du mir die reiche Fahne und des Kaisers Krone geben willst!"

Und der Tod gab jedes Kleinod für einen Gesang hin, und die Nachtigall war unermüdlich in ihrem Gesange. Sie sang von dem stillen Friedhofe, wo die weißen Rosen wachsen, wo der Flieder duftet und wo das frische Gras von den Tränen der Überlebenden benetzt wird. Da bekam der Tod Sehnsucht nach seinem Garten und schwebte wie ein kalter, weißer Nebel zum Fenster hinaus.

„Dank, Dank!", sagte der Kaiser, „du himmlischer kleiner Vogel, ich kenne dich wohl! Dich habe ich aus meinem Lande und Reiche verwiesen, und doch hast du die bösen Geister von meinem Bette hinweggesungen, den Tod von meinem Herzen vertrieben! Wie soll ich dir lohnen?"

„Du hast mir gelohnt!", sagte die Nachtigall. „Tränen haben deine Augen vergossen, als ich das erste Mal sang; das vergesse ich dir nie, das sind die Juwelen, die eines Sängers Herzen wohl tun. Aber schlafe nun, werde frisch und gesund! Ich will dich einsingen."

Sie sang – und der Kaiser fiel in einen süßen Schlaf; sanft und wohltuend war der Schlaf!

Die Sonnenstrahlen fielen durch das Fenster auf ihn, als er gestärkt und gesund erwachte. Noch war keiner von seinen Dienern zurückgekommen, denn sie hielten ihn für tot, aber die Nachtigall saß noch da und sang.

„Immer musst du bei mir bleiben!", sagte der Kaiser. „Du sollst nur singen, wenn du willst, und den Kunstvogel schlage ich in tausend Stücke!"

„Tue es nicht!", sagte die Nachtigall. „Das Gute, was er vermochte, hat er ja getan; behalte ihn nach wie vor! Ich kann in einem Schlosse nicht wohnen, aber lass mich kommen, wenn mich selbst die Lust dazu treibt! Dann will ich des Abends dort auf dem Zweige bei dem Fenster sitzen und dir vorsingen, damit du froh, aber auch zugleich nachdenklich wirst. Ich will singen von den Glücklichen und von denen, die leiden; ich will singen vom Bösen und Guten, was dir verhehlt wird. Der kleine Singvogel fliegt weit umher zu dem armen Fischer, zu des Landmannes Dach, zu jedem, der fern von dir und deinem Hofe ist. Dein Herz liebe ich mehr als deine Krone, und doch hat die Krone etwas von dem Dufte des Heiligen an sich. – Ich komme, ich singe dir vor! Aber eins musst du mir versprechen!"

„Alles!", sagte der Kaiser und stand da in seiner kaiserlichen Tracht, die er sich selbst angelegt hatte, und legte den Säbel, der von Gold schwer war, gegen sein Herz.

„Um eins bitte ich dich! Erzähle niemand, dass du einen kleinen Vogel hast, der dir alles sagt, dann wird es noch besser gehen!"

Darauf flog die Nachtigall fort.

Die Diener kamen herein, um nach ihrem toten Kaiser zu sehen; – ja, da standen sie – und der Kaiser sagte: „Guten Morgen!"

DIE PRINZESSIN AUF DER ERBSE

Es war einmal ein Prinz, der wollte eine Prinzessin heiraten, aber es sollte eine wirkliche Prinzessin sein. Nun reiste er die ganze Welt umher, um eine solche zu finden, aber überall stand etwas im Wege. Prinzessinnen waren schon genug da, aber ob es auch wirkliche Prinzessinnen waren, dahinter konnte er durchaus nicht kommen: Immer war etwas da, das nicht stimmte. So kam er denn wieder nach Hause und war ganz betrübt, denn er wollte so gern eine wirkliche Prinzessin haben.

Eines Abends entstand ein furchtbares Unwetter; es blitzte und donnerte, der Regen strömte hernieder, es war geradezu entsetzlich. Da klopft es an das Stadttor und der alte König ging hin, um zu öffnen. Es war eine Prinzessin, die draußen vor demselben stand. Aber, mein Gott, wie sah sie von dem Regen und dem bösen Wetter aus! Das Wasser triefte ihr von den Haaren und Kleidern herunter und lief in die Schuhspitzen hinein und aus den Hacken wieder heraus, und sie sagte, dass sie eine wirkliche Prinzessin wäre.

Nun, das wollen wir bald genug herausbekommen!, dachte die alte Königin, sagte aber nichts, ging in das Schlafzimmer, nahm alle Betten heraus und legte eine Erbse auf den Boden der Bettstelle. Darauf nahm sie zwanzig Matratzen, legte sie auf die Erbse, und dann noch zwanzig Eiderdaunenbetten oben auf die Matratzen.

Da sollte die Prinzessin nun des Nachts liegen.

Am Morgen fragte man sie, wie sie geschlafen hätte.

„Oh, entsetzlich schlecht!", sagte die Prinzessin, „ich habe fast die ganze Nacht kein Auge zutun können! Gott weiß, was in meinem Bette gewesen ist? Ich habe auf etwas Hartem gelegen, sodass ich am ganzen Körper braun und blau bin! Es ist wahrhaft entsetzlich!"

Daran konnte man denn sehen, dass sie eine wirkliche Prinzessin war, da sie durch die zwanzig Matratzen und die zwanzig Eiderdaunenbetten die Erbse gefühlt hatte. So feinfühlig konnte nur eine wirkliche Prinzessin sein!

Da nahm der Prinz sie zur Frau, denn nun wusste er, dass er eine wirkliche Prinzessin hatte, und die Erbse kam auf die Kunstkammer, wo sie noch zu sehen ist, wenn sie niemand genommen hat.

Seht, das war eine wirkliche Geschichte.

Die kleine Meerjungfrau

Weit hinaus im Meere ist das Wasser so blau wie die Blätter der prächtigsten Kornblume und so klar wie das reinste Glas, aber es ist außerordentlich tief, tiefer als irgendein Ankertau reicht; viele Kirchtürme müssten übereinander gestellt werden, um vom Grunde bis über das Wasser emporzureichen. Dort wohnt das Meervolk.

Nun muss man aber nicht etwa glauben, dass dort der nackte, weiße Sandboden sei; o nein, da wachsen die wunderbarsten Bäume und Pflanzen, die im Stängel und in den Blättern so biegsam und geschmeidig sind, dass sie sich bei der geringsten Wasserströmung wie lebendige Wesen bewegen. Alle Fische, kleine und große, schlüpfen zwischen den Zweigen hindurch, gerade wie hier oben die Vögel in der Luft. An der allertiefsten Stelle liegt das Schloss des Meerkönigs; die Wände sind von Korallen und die hohen, spitzen Fenster von dem allerdurchsichtigsten Bernstein, das Dach besteht aus Muschelschalen, die sich nach der Strömung des Wassers öffnen und schließen. Das gewährt einen prachtvollen Anblick, denn in jeder liegen strahlende Perlen, schon eine einzige würde ein herrlicher Schmuck in der Krone einer Königin sein.

Der Meerkönig dort unten war seit vielen Jahren verwitwet, aber seine alte Mutter leitete den Haushalt. Sie war eine kluge Frau, jedoch sehr stolz auf ihren

Adel, weshalb sie als Ordensschmuck zwölf Austern auf dem Schwanze trug, während sich andere Vornehme mit sechs begnügen mussten. Sonst verdiente sie alles Lob, vorzüglich weil sie die größte Sorgsamkeit und Liebe für die kleinen Meerprinzessinnen, ihre Enkelinnen, an den Tag legte. Es waren sechs bildschöne Kinder, aber die jüngste war doch die schönste von allen, ihre Haut war so durchsichtig und fein wie ein Rosenblatt, ihre Augen so blau wie das tiefste Meer, aber wie alle die anderen hatte sie keine Füße, der Körper ging in einen Fischschwanz aus.

Den ganzen lieben Tag konnte sie unten im Schlosse in den großen Sälen spielen, wo lebendige Blumen aus den Wänden hervorwuchsen. Die großen Bernsteinfenster wurden geöffnet, und dann schwammen die Fische zu ihnen herein, gerade wie bei uns die Schwalben hereinfliegen, wenn wir die Fenster aufmachen. Allein die Fische schwammen zu den kleinen Prinzessinnen hin, fraßen ihnen aus der Hand und ließen sich streicheln.

Draußen vor dem Schlosse war ein großer Garten mit feuerroten und dunkelblauen Bäumen, die Früchte strahlten wie Gold und die Blumen wie glühendes Feuer, während sich Stängel und Blätter unaufhörlich bewegten. Die Erde selbst war der feinste Sand, aber blau wie eine Schwefelflamme. Über dem Ganzen ruhte ein eigentümlicher blauer Schimmer. Eher hätte man vermuten können, man stände hoch droben in der Luft und hätte nur Himmel über und unter sich, als dass man sich auf dem Meeresgrunde befände. Bei Windstille konnte man die Sonne gewahren, die wie eine Purpurblume aussah, aus deren Kelch alles Licht ausströmte.

Jede der kleinen Prinzessinnen hatte ihr besonderes Plätzchen im Garten, wo sie nach Herzenslust und eigenem Gutdünken graben und pflanzen konnte. Die eine gab ihrem Blumenbeete die Gestalt eines Walfisches; eine andere zog es vor, dass das ihrige einer Meerjungfrau gliche; aber die jüngste machte das ihrige rund wie die Sonne und hatte nur Blumen, die rot wie diese schimmerten. Sie war überhaupt ein eigentümliches Kind, still und sinnend, und als die anderen Schwestern sich mit den merkwürdigen Sachen putzten, die sie aus gestrandeten

Schiffen erhalten hatten, wollte sie außer den rosenroten Blumen, die der Sonne da droben glichen, nur eine schöne Bildsäule haben, die einen wunderhübschen Knaben darstellte. Sie war aus weißem, klaren Marmor gehauen und beim Stranden auf den Meeresgrund gesunken. Sie pflanzte neben die Bildsäule eine rosenrote Trauerweide; sie wuchs herrlich und hing mit ihren frischen Zweigen weit über dieselbe hinweg bis auf den blauen Sandboden hinunter, wo der Schatten violett erschien und sich wie die Zweige unablässig bewegte. Es sah aus, als ob der Wipfel und die Wurzeln miteinander spielten und sich küssten.

Keine größere Freude gab es für sie, als von der Menschenwelt dort droben zu hören. Die alte Großmutter musste alles, was sie von Schiffen und Städten, Menschen und Tieren wusste, erzählen. Am wunderbarsten und herrlichsten erschien es ihr aber, dass die Blumen oben auf der Erde dufteten, was sie auf dem Meeresgrunde nicht taten, und dass die Wälder grün wären und die Fische, die sich dort zwischen den Zweigen blicken ließen, so laut und lieblich singen könnten, dass es eine Lust wäre. Es waren die kleinen Vögel, welche die Groß-mutter Fische nannte, denn sonst konnte sie sich ihren Enkelinnen, da dieselben noch keinen Vogel gesehen hatten, nicht verständlich machen.

„Sobald ihr euer fünfzehntes Jahr erreicht habt", sagte die Großmutter, „werdet ihr Erlaubnis bekommen, aus dem Meere emporzutauchen, im Mond-scheine auf den Klippen zu sitzen und die großen Schiffe euch anzusehen, die vorbeisegeln; Wälder und Städte werdet ihr erblicken!"

Im nächsten Jahre wurde die eine der Schwestern fünfzehn Jahre, aber die anderen – ja, da war die eine immer ein Jahr jünger als die andere, sodass der jüngsten noch volle fünf Jahre fehlten, ehe sie vom Meeresgrunde aufsteigen und sehen durfte, wie es bei uns aussieht. Aber die eine gelobte der anderen, ihr zu erzählen, was sie erblickt und ihr am ersten Tage am herrlichsten gefallen hätte; denn ihre Großmutter erzählte ihnen lange nicht genug, es gab noch so vieles, worüber sie gern Aufschluss gehabt hätten.

Keine aber war so voller Sehnsucht wie die Jüngste, gerade sie, die noch am längsten zu warten hatte und die so still und gedankenvoll war. Manche Nacht stand sie am offenen Fenster und schaute empor durch das dunkelblaue Wasser, wie die Fische mit ihren Flossen und Schwänzen dasselbe peitschten. Mond und Sterne konnte sie sehen; allerdings schienen sie ganz bleich, sahen aber dafür durch das Wasser ungleich größer aus als vor unseren Augen. Glitt dann etwas unter ihnen wie eine schwarze Wolke hin, so wusste sie, dass es entweder ein Walfisch war, der über ihr schwamm, oder auch ein Schiff mit vielen Menschen. Sie dachten schwerlich daran, dass eine schöne Meerjungfrau auf dem Grunde stünde und ihre weißen Hände gegen den Kiel emporstreckte.

Nun war die älteste Prinzessin fünfzehn Jahre alt und durfte über den Meeresspiegel emporsteigen.

Als sie zurückkam, hatte sie hunderterlei Dinge zu erzählen; das Schönste aber, sagte sie, wäre doch: im Mondschein auf einer Sandbank an der ruhigen See zu liegen und die unmittelbar an der Küste gelegene große Stadt zu betrachten, wo die Lichter wie Hunderte von Sternen funkelten, die Musik und den Lärm und das Geräusch von Wagen und Menschen zu hören, die vielen Kirchtürme und Türmchen zu sehen und auf das Glockengeläute zu lauschen. Gerade weil die Jüngste noch nicht hinaufkommen konnte, war sie am meisten von Sehnsucht nach all diesem erfüllt.

Mit welcher Aufmerksamkeit lauschte sie auf diese Erzählungen, und wenn sie später des Abends am offenen Fenster stand und durch das dunkelblaue Wasser emporschaute, waren alle ihre Gedanken nur auf die große Stadt mit all dem Lärm und Geräusch gerichtet, und dann kam es ihr vor, als hörte sie das Läuten der Kirchenglocken bis zu sich heruntertönen.

Ein Jahr darauf erhielt die andere Schwester Erlaubnis, durch das Wasser emporzusteigen und zu schwimmen, wohin sie wollte. Gerade bei Sonnenuntergang tauchte sie auf, und dieser Anblick war ihrer Ansicht nach das Schönste. Der ganze Himmel hätte wie Gold ausgesehen, sagte sie, und die Wolken, ja, deren Pracht könnte sie nicht genug beschreiben! Rot und veilchenblau wären sie über ihr dahingesegelt, aber weit geschwinder als sie flog gleich einem langen, weißen Schleier ein Zug wilder Schwäne über das Wasser hin der scheidenden Sonne nach. Sie schwammen ihr entgegen, diese aber sank, und der Rosenschimmer erlosch auf dem Meeresspiegel und den Wolken.

Im nächsten Jahre stieg die dritte Schwester hinauf; sie war die beherzteste von allen und schwamm deshalb einen breiten Fluss aufwärts, der sich in das Meer ergoss. Herrliche grüne Hügel, mit Weinreben bedeckt, erblickte sie; Schlösser und Meierhöfe schauten durch prächtige Wälder hervor. Sie hörte, wie alle Vögel sangen, und die Sonne schien so warm, dass sie oftmals untertauchen musste, um ihr brennend heißes Antlitz zu kühlen. In einer kleinen Bucht traf sie einen ganzen Schwarm niedlicher Menschenkinder; ganz nackt liefen sie umher und plätscherten im Wasser. Sie wollte mit ihnen spielen, aber erschrocken liefen sie fort, und da kam ein kleines schwarzes Tier, das war ein Hund, aber sie hatte vorher nie einen Hund gesehen; der bellte sie so wütend an, dass ihr ganz ängstlich zumute wurde und sie wieder die offene See aufsuchte. Aber nimmer konnte sie die prächtigen Wälder, die grünen Hügel und die kleinen Kinder vergessen, die schwimmen konnten, obgleich sie keinen Fischschwanz hatten.

66

Die vierte Schwester war nicht so mutig, sie blieb draußen mitten auf dem wilden Meere und erzählte, dass es gerade dort am schönsten wäre. Man könnte viele Meilen ringsumher überschauen, und der Himmel stände wie eine Glasglocke darüber. Schiffe hatte sie gesehen, aber nur weit entfernt, sie sahen wie Strandmöwen aus; die drolligen Delphine hatten Purzelbäume geschlagen und die großen Walfische Wasser aus ihren Nasenlöchern in die Höhe gespritzt, dass es ausgesehen hätte, wie Hunderte von Wasserkünsten ringsumher.

Nun kam die fünfte Schwester an die Reihe. Ihr Geburtstag war gerade mitten im Winter, und deshalb sah sie, was die anderen das erste Mal nicht gesehen hatten. Die See nahm sich ganz grün aus, und ringsumher schwammen da große Eisberge, von denen ihrer Erzählung nach jeder wie eine Perle aussah und doch weit größer war als die Kirchtürme, welche die Menschen bauen. In den merkwürdigsten Gestalten zeigten sie sich und schimmerten wie Diamanten. Sie hatte sich auf einen der größten gesetzt, und alle Segler kreuzten erschrocken draußen herum, wo sie saß und den Wind mit ihrem langen Haare spielen ließ. Allein gegen Abend überzog sich der Himmel mit Wolken, es blitzte und donnerte, während die schwarze See die großen Eisblöcke hoch in die Höhe hob und sie bei dem starken Wetterleuchten erglänzen ließ. Auf allen Schiffen zog man die Segel ein, da war eine Angst, ein Entsetzen, sie aber saß ruhig auf ihrem schwimmenden Eisberge und sah, wie die blauen Blitzstrahlen im Zickzack in die weiß schäumende See hinunterfuhren.

Sobald eine der Schwestern zum ersten Mal über das Wasser kam, war eine jede über das Neue und Schöne, das sie wahrnahm, entzückt; da sie jetzt aber als erwachsene Mädchen die Erlaubnis hatten, nach eigenem Belieben emporzusteigen, wurde es ihnen gleichgültig, sie sehnten sich wieder nach der Heimat, und nach Verlauf eines Monats sagten sie, dass es bei ihnen da unten doch am allerschönsten wäre und da wäre man hübsch zu Hause.

In mancher Abendstunde schlangen die fünf Schwestern die Arme umeinander und stiegen in einer Reihe über das Wasser empor. Herrliche Stimmen hatten sie, schöner als irgendein Menschenkind, und wenn ein Sturm heraufzog, sodass sie vermuten durften, es würden Schiffe untergehen, dann schwammen sie vor den Schiffen her und sangen lieblich von den Schönheiten auf dem Meeresgrunde und baten die Seeleute, sich nicht zu fürchten, dort hinunterzukommen. Diese konnten aber die Worte nicht verstehen, sie dachten, es wäre der Sturm, und sie bekamen auch die Herrlichkeiten da unten nicht zu sehen, denn wenn das Schiff sank, ertranken die Menschen und kamen nur als Leichen zu dem Schlosse des Meerkönigs.

Wenn am Abend so die Schwestern Arm in Arm durch das Meer hoch emporstiegen, dann blieb die kleine Schwester ganz allein zurück und schaute ihnen nach, und es war ihr, als ob sie weinen müsste, aber eine Meerjungfrau hat keine Tränen, und so leidet sie ungleich mehr.

„Ach, wäre ich doch erst fünfzehn Jahre alt!", sagte sie. „Ich weiß, dass gerade ich die Welt dort oben und die Menschen, die darauf bauen und wohnen, recht lieb haben werde!"

Endlich war sie fünfzehn Jahre alt.

„Sieh, nun bist du uns entwachsen", sagte ihre Großmutter, die alte Königin-Witwe. „Komm nun und lass mich dich schmücken wie deine anderen Schwestern!" Nun setzte sie ihr einen Kranz von weißen Lilien auf das Haar, aber jedes Blumenblatt war die Hälfte einer Perle; und die alte Mutter ließ acht große Austern sich im Schwanze der Prinzessin festklemmen, um ihren hohen Stand kundzutun.

„Das tut weh!", sagte die kleine Meerjungfrau.

„Ja, Hoffart will Zwang haben!", sagte die Großmutter.

Oh, sie würde gern auf alle diese Pracht verzichtet und den schweren Kranz abgelegt haben! Ihre roten Gartenblumen kleideten sie ungleich besser, aber das half nun weiter nichts. „Lebewohl!", sagte sie und stieg leicht und klar durch das Wasser empor.

Eben war die Sonne untergegangen, als sie den Kopf über den Meeresspiegel erhob, aber alle Wolken schimmerten noch wie Rosen und Gold, und mitten in der blassroten Luft strahlte der Abendstern hell und herrlich, die Luft war mild und frisch, und kein Windhauch kräuselte das Meer. Dort lag ein großer Dreimaster, nur ein einziges Segel war aufgezogen, denn kein Lüftchen rührte sich, und ringsumher saßen im Tauwerk und auf dem Toppmast Matrosen. Da war Musik und Gesang, und als die Dunkelheit des Abends zunahm, wurden Hunderte von farbigen Laternen angezündet; sie sahen aus, als ob die Flaggen aller Nationen in der Luft wehten. Die kleine Meerjungfrau schwamm bis an das Kajütenfenster, und jedes Mal, wenn das Wasser sie emporhob, konnte sie durch die spiegelhellen Fensterscheiben hineinschauen, wo viele geputzte Menschen standen, aber der Schönste war doch der junge Prinz mit den großen schwarzen Augen. Er war gewiss nicht viel über sechzehn Jahre alt, sein Geburtstag wurde gerade gefeiert, und deshalb herrschte all diese Pracht. Die Matrosen tanzten auf dem Verdecke, und als der Prinz zu ihnen hinaustrat, stiegen über hundert Raketen in die Luft empor. Sie leuchteten wie der helle Tag, sodass sich die kleine Meerjungfrau entsetzte und aus Furcht unter das Wasser tauchte. Aber sie streckte den Kopf bald wieder hervor, und da war es ihr, als ob alle Sterne des Himmels zu ihr herniederfielen. Nie hatte sie ein solches Feuerwerk gesehen. Große Sonnen drehten sich zischend im Kreise, prächtige Feuerfische schwangen sich in die blaue Luft empor, und von allem zeigte sich ein flimmernder Widerschein in der klaren, stillen See. Auf dem Schiffe selbst war es so hell, dass man auch das kleinste Tau bemerken konnte, und erst recht die Menschen. Wie schön der junge Prinz doch war, und er drückte den Leuten die Hände unter freundlichem Lächeln, während die Musik durch die herrliche Nacht erklang.

Es wurde spät, aber die kleine Meerjungfrau konnte die Augen nicht von dem Schiffe und dem schönen Prinzen abwenden. Die farbigen Laternen erloschen, die Raketen stiegen nicht mehr in die Luft, keine Kanonenschüsse donnerten mehr, aber tief unten im Meere summte und brummte es. Mittlerweile saß die kleine Meerjungfrau auf dem Wasser und schaukelte auf und nieder, sodass sie in die Kajüte hineinschauen konnte. Aber hurtiger schoss das Schiff durch die Wellen, ein Segel nach dem anderen breitete sich aus, stärker

schlugen die Wogen, ein schwarzes Gewölk zog sich zusammen, es wetter-
leuchtete in der Ferne. Oh, ein entsetzliches Unwetter sollte losbrechen!
Deshalb refften die Matrosen die Segel ein. Das große Schiff schaukelte in
fliegender Fahrt auf der wilden See; großen schwarzen Bergen gleich schäumte
das Wasser empor, das sich über die Masten zu wälzen drohte, aber das Schiff
tauchte wie ein Schwan zwischen den hohen Wogen hinunter und ließ sich
wieder auf die aufgetürmten Wasser heben. Der kleinen Meerjungfrau kam es
gerade wie eine Lustfahrt vor, aber als eine solche betrachteten es die Seeleute
nicht, das Schiff stöhnte und krachte, die dicken Planken bogen sich bei den
heftigen Stößen, welche die See gegen das Schiff führte, der Hauptmast brach
mitten durch, als wenn er ein Rohr wäre, und das Schiff legte sich auf die Seite,
während das Wasser in den Raum eindrang. Nun sah die kleine Meerjungfrau,
dass die Seeleute in Gefahr schwebten, sie musste sich selbst vor den Balken
und Schiffstrümmern, die auf dem Wasser trieben, in Acht nehmen. Einen
Augenblick war es so stockfinster, dass sie nicht das Geringste wahrnehmen
konnte, wenn es dann aber blitzte, wurde es wieder so hell, dass die kleine
Meerjungfrau alle auf dem Schiffe erkannte. Jeder tummelte sich, so gut er
konnte. Vorzüglich schaute sie sich nach dem jungen Prinzen um und sah ihn,
als das Schiff barst, in die tiefe See versinken. Im ersten Augenblicke war sie
sehr froh, denn nun kam er zu ihr hinunter, dann aber fiel ihr ein, dass ja die
Menschen im Wasser nicht leben können und dass er also nur tot zum Schlosse
des Meerkönigs gelangen könnte. Nein, sterben durfte er nicht! Deshalb
schwamm die kleine Meerjungfrau zwischen den Balken und Planken, die auf
dem Meere trieben, hindurch, vergaß völlig die eigene Gefahr, tauchte tief
unter das Wasser und stieg wieder hoch zwischen den Wogen empor. Zuletzt
erreichte sie so den jungen Prinzen, der kaum noch länger in der erregten See
schwimmen konnte. Seine Arme und Beine begannen zu ermatten, die schönen
Augen schlossen sich, er hätte sterben müssen, wäre sie nicht hinzugekommen.
Sie hielt seinen Kopf über das Wasser empor und ließ sich dann mit ihm von
den Wogen treiben, wohin sie wollten.

Gegen Morgen war das Unwetter vorüber. Vom Schiffe war auch nicht ein Span mehr zu sehen. Rot und glühend erhob sich die Sonne aus dem Wasser; es war gerade, als ob des Prinzen Wangen dadurch Leben bekämen, doch blieben seine Augen geschlossen. Die kleine Meerjungfrau küsste seine hohe, schöne Stirn und strich sein nasses Haar zurück. Es kam ihr fast vor, als gliche er dem Marmorbilde dort unten in dem kleinen Garten. Sie küsste ihn wieder und wieder und wünschte, er möchte doch leben bleiben.

Nun tauchte das feste Land auf; hohe blaue Berge, auf deren Gipfeln der weiße Schnee flimmerte, als wären es Schwäne, die dort lägen. Unten an der Küste waren prächtige grüne Wälder, und im Vordergrunde lag eine Kirche oder ein Kloster, man konnte es noch nicht recht unterscheiden, aber ein Gebäude war es. Zitronen- und Apfelsinenbäume wuchsen da im Garten, und vor dem Eingang standen hohe Palmbäume. Das Meer bildete hier eine kleine Bucht, in der das Wasser ganz still, aber sehr tief war und die von einer Klippe begrenzt wurde, wo der feine weiße Sand angespült war. Hierher schwamm die kleine Meerjungfrau mit dem schönen Prinzen, legte ihn in den Sand und trug dabei hauptsächlich Sorge, dass sein Haupt hoch im warmen Sonnenscheine lag.

Da läuteten die Glocken in dem großen, weißen Gebäude, und darauf wandelten viele junge Mädchen durch den Garten. Da schwamm die kleine Meerjungfrau weiter hinaus hinter einige hohe Steine, die aus dem Wasser hervorragten, bedeckte Haar und Busen mit Schaum des Meeres, sodass niemand ihr liebliches Gesicht bemerken konnte, und gab nun acht, wer zu dem armen Prinzen kommen würde.

Es währte nicht lange, bis ein junges Mädchen dorthin kam. Es erschrak, wie es schien, heftig, aber nur einen Augenblick, dann holte es mehrere Menschen, und die kleine Meerjungfrau sah, dass der Prinz wieder zu sich kam und alle ringsumher anlächelte, aber zu seiner Retterin lächelte er nicht hinaus, er wusste ja auch nicht, dass er ihr das Leben zu verdanken hatte. Sie fühlte sich so betrübt, dass sie, als er in das große Gebäude geführt wurde, traurig unter das Wasser tauchte und zum Schlosse ihres Vaters zurückkehrte.

Sie war immer still und sinnend gewesen, aber nun wurde sie es noch mehr. Die Schwestern fragten sie, was sie das erste Mal dort oben gesehen hätte, aber sie erzählte ihnen nichts.

Manchen Abend und Morgen stieg sie zu der Stelle empor, wo sie den Prinzen verlassen hatte. Sie sah, wie die Früchte des Gartens reiften und abgepflückt wurden, sie sah, wie der Schnee auf den hohen Bergen schmolz, aber den Prinzen sah sie nicht, und immer trauriger kehrte sie deshalb wieder heim. Ihr einziger Trost war es, in ihrem Gärtchen zu sitzen und ihre Arme um das schöne Marmorbild zu schlingen, das dem Prinzen ähnelte, aber ihre Blumen pflegte sie nicht, sie wuchsen wie in einer Wildnis über die Steige hinaus, und ihre langen Stängel und Blätter verflochten sich mit den Zweigen der Bäume, sodass es dort ganz dunkel war.

Endlich konnte sie es nicht länger aushalten, sondern erzählte es einer ihrer Schwestern, und da erfuhren es gleich alle anderen, aber beileibe niemand weiter als diese und ein paar andere Meerjungfrauen, die es aber nur ihren nächsten Freundinnen erzählten. Eine von ihnen konnte über den Prinzen Auskunft geben, sie hatte auch die Geburtstagsfeier auf dem Schiffe mit angesehen, wusste, woher er war und wo sein Königreich lag.

„Komm, Schwesterchen!", sagten die anderen Prinzessinnen, und einander die Arme um die Schultern schlingend stiegen sie in einer langen Reihe aus dem Meere empor, dort wo das Schloss des Prinzen lag.

Dieses war aus einer hellgelben, glänzenden Steinart aufgeführt, mit großen Marmortreppen, deren eine gerade in das Meer hinabführte. Prächtige vergoldete Kuppeln erhoben sich über dem Dache, und zwischen den Säulen, welche das ganze Gebäude umgaben, standen Marmorbilder, die wie lebende Wesen aussahen. Durch das helle Glas in den hohen Fenstern sah man in die prächtigsten Säle hinein, wo kostbare seidene Vorhänge und Tapeten aufgehängt und alle Wände mit großen Gemälden geschmückt waren, dass es eine wahre Lust war, das alles anzuschauen. Mitten in dem größten Saale plätscherte ein hoher Springbrunnen, seine Strahlen erhoben sich bis zur Glaskuppel an der Decke, durch welche die Sonne auf das Wasser und die schönen Pflanzen herabschien, die in dem großen Becken wuchsen.

Nun wusste sie, wo er wohnte, und dort zeigte sie sich manchen Abend und manche Nacht auf dem Wasser; sie schwamm weit näher an das Land heran, als irgendeine andere gewagt hatte, ja, sie ging den schmalen Kanal ganz hinauf, bis unter den prächtigen Marmoraltan, der einen langen Schatten über das Wasser warf. Hier saß sie und betrachtete den jungen Prinzen, der allein in dem klaren Mondschein zu weilen glaubte.

Sie sah ihn manchen Abend in seinem prächtigen, mit Flaggen geschmückten Boote unter Musik dahinsegeln; sie schaute zwischen dem grünen Schilf hervor, und wenn der Wind ihren langen, silberweißen Schleier erfasste und es jemand sah, so dachte er, es wäre ein Schwan, welcher die Flügel ausbreitete.

Sie hörte manche Nacht, wenn die Fischer bei Fackelschein auf der See fischten, dass sie viel Gutes von dem jungen Prinzen erzählten, und es freute sie, dass sie ihm das Leben gerettet hatte, als er halb tot auf den Wogen umhertrieb, und sie dachte daran, wie fest sein Haupt an ihrer Brust geruht und wie innig sie ihn da geküsst hatte. Davon wusste er gar nichts, konnte von ihr nicht einmal träumen.

Mehr und mehr begann sie die Menschen zu lieben, mehr und mehr wünschte sie zu ihnen emporsteigen und unter ihnen wandeln zu dürfen, deren Welt ihr weit größer als die ihrige zu sein schien. Sie konnten ja auf Schiffen über das Meer fliegen, auf den hohen Bergen hoch über die Wolken emporsteigen, und die Länder, die sie besaßen, erstreckten sich mit ihren Wäldern und Feldern weiter, als sie zu überblicken vermochte. Da war so vieles, was sie zu wissen wünschte, doch waren die Schwestern nicht imstande, ihr auf alles Antwort zu geben, weshalb sie die alte Großmutter danach fragte, welche die höhere Welt, wie sie die Länder über dem Meere sehr richtig nannte, gar wohl kannte.

„Wenn die Menschen nicht ertrinken", fragte die kleine Meerjungfrau,

„können sie dann ewig leben, sterben sie nicht, wie wir hier unten auf dem Meeresgrunde?"

„O ja", sagte die Alte, „sie müssen ebenfalls sterben, und ihre Lebenszeit ist sogar noch kürzer als die unsrige. Wir können dreihundert Jahre alt werden, aber wenn wir zu sein aufhören, verwandeln wir uns nur in Schaum und haben hier unten nicht einmal ein Grab unter unseren Lieben. Wir haben keine unsterbliche Seele, werden nie mehr zum Leben erweckt, wir gleichen dem grünen Schilf, das, einmal abgeschnitten, nie wieder grünen kann! Die Menschen dagegen haben eine Seele, die ewig lebt, lebt, nachdem der Körper wieder zu Erde geworden. Sie schwingt sich durch die helle Luft empor, hinauf zu all den glänzenden Sternen! Gerade wie wir aus dem Meere emportauchen und der Menschen Länder schauen, so erheben auch sie sich zu unbekannten herrlichen Stätten, die wir nie zu sehen bekommen."

„Weshalb erhielten wir keine unsterbliche Seele?", fragte betrübt die kleine Meerjungfrau. „Gern wollte ich alle meine Hunderte von Jahren, die ich zu leben habe, dahingeben, um nur einen Tag Mensch zu sein und dann an der himmlischen Welt Anteil zu erhalten!"

„Daran darfst du nicht denken!", sagte die Alte. „Wir haben es viel glücklicher und besser als die Menschen da droben!"

„Ich werde also sterben und als Schaum auf dem Meere dahinfließen, werde der Wogen Musik nicht mehr hören, die schönen Blumen und die rote Sonne nicht mehr sehen! Kann ich denn gar nichts tun, um eine ewige Seele zu gewinnen?"

„Nein!", sagte die Alte, „nur wenn dich ein Mensch so lieb gewönne, dass du ihm mehr als Vater und Mutter wärest, wenn er mit all seinen Gedanken und seiner Liebe an dir hinge und begehrte, dass der Geistliche seine rechte Hand in die deinige legte mit dem Gelübde der Treue hier und in alle Ewigkeit, dann flösse seine Seele in deinen Körper über, und auch du erhieltest Anteil an dem Glücke der Menschen. Er gäbe dir Seele und behielte doch seine eigene. Aber das kann nie geschehen! Was gerade hier im Meere für schön gilt, dein Fischschwanz, finden sie oben auf der Erde hässlich! Es fehlt ihnen nun einmal das richtige Verständnis, dort muss man ein paar unbeholfene Säulen haben, die sie Beine nennen, um für schön zu gelten!"

Da seufzte die kleine Meerjungfrau und sah betrübt auf ihren Fischschwanz.

„Lass uns fröhlich sein!", sagte die Alte. „Hüpfen und springen wollen wir in den uns vergönnten dreihundert Jahren, das ist fürwahr hinlängliche Zeit, nachher kann man umso unbekümmerter ausruhen. Heute Abend werden wir Hofball haben!"

Es war auch eine Pracht, wie man sie auf Erden nie erblickt. Wände und Decke des großen Tanzsaales waren von dickem, aber durchsichtigem Glase. Mehrere Hundert kolossale Muschelschalen, rosenrote und grasgrüne, standen reihenweise an jeder Seite mit einer blau brennenden Flamme, die den ganzen Saal erleuchtete und selbst durch die Wände hindurchschien, sodass die See ringsumher in einem Lichtmeere schwamm. Man konnte alle die unzähligen Fische, große und kleine, wahrnehmen, wie sie auf die Glasmauern zuschwammen; auf einigen blinkten purpurrote Schuppen, auf anderen glänzten sie goldig und silbern.

Mitten durch den Saal floss ein breiter, sanft dahinrieselnder Strom, und auf diesem tanzten die Meermänner und Meerjungfrauen nach ihrem eigenen lieblichen Gesang. So schöne Stimmen haben die Menschen auf Erden nicht. Die jüngste Prinzessin sang am schönsten von allen, man klatschte ihr Beifall, und für einen Augenblick fühlte sie Freude in ihrem Herzen, denn sie wusste, dass sie die schönste Stimme von allen auf Erden und im Meere hatte. Aber bald begann sie wieder der Welt über sich zu gedenken. Sie konnte den schönen Prinzen und ihren Schmerz, keine unsterbliche Seele, wie er, zu besitzen, nicht vergessen. Deshalb schlich sie sich aus dem Schlosse ihres Vaters hinaus, und während drinnen alles Gesang und Jubel war, saß sie betrübt in ihrem Gärtchen. Da hörte sie plötzlich ein Waldhorn durch das Wasser zu ihr herniedertönen, und sie dachte: Jetzt segelt er gewiss dort oben, er, den ich mehr als Vater und

Mutter liebe, er, an dem ich mit allen Gedanken hänge und in dessen Hand ich so gern mein Lebensglück legen möchte. Alles will ich wagen, um ihn und eine unsterbliche Seele zu gewinnen! Während meine Schwestern drinnen im Schlosse meines Vaters tanzen, will ich zur Meerhexe gehen. Bisher habe ich immer ein Grausen vor ihr gehabt, aber vielleicht kann sie mir Rat und Hilfe gewähren.

Nun trat die Prinzessin aus ihrem Garten hinaus und eilte zu dem brausenden Strudel, hinter dem die Hexe wohnte. Den Weg hatte sie nie zuvor betreten; hier wuchs keine Blume, kein Seegras, nur der nackte graue Sandboden erstreckte sich bis zu dem Strudel, wo das Wasser wie brausende Mühlräder schäumend wirbelte und alles, was es ergriff, mit sich in die Tiefe hinunterriss. Mitten zwischen diesen alles zerschmetternden Wirbeln musste sie hindurchschreiten, um das Gebiet der Meerhexe zu erreichen, und hier gab es eine große Strecke lang keinen anderen Weg als über warmen, schwankenden Schlamm, den die Hexe ihr Tiefmoor nannte. Dahinter lag ihr Haus mitten in einem seltsamen Walde. Alle Bäume und Büsche waren Polypen, halb Tier und halb Pflanze, sie sahen aus wie hundertköpfige Schlangen, die aus der Erde hervorwuchsen; alle Zweige waren lange, schlammige Arme, mit Fingern gleich gelenkigen Würmern, und Glied für Glied bewegte sich von der Wurzel bis zum äußersten Gipfel. Alles, was sie im Meere ergreifen konnten, umschlangen sie unlösbar und ließen es nie wieder los. Die kleine Prinzessin blieb erschrocken vor diesem Walde stehen; ihr Herz klopfte vor Angst; beinahe wäre sie umgekehrt, aber da dachte sie an den Prinzen und die zu gewinnende Menschenseele und fasste wieder Mut. Ihr langes, frei hinabwallendes Haar band sie fest um den Kopf, damit sie die Polypen nicht daran ergreifen konnten, beide Hände kreuzte sie über die Brust und eilte dann vorwärts, wie der Fisch nur immer durch das Wasser schießen kann, zwischen den widrigen Polypen hindurch, die ihre gelenkigen Arme und Finger hinter ihr herstreckten. Sie bemerkte, wie jeder von ihnen einen Gegenstand, den er ergriffen hatte, mit Hunderten von kleinen Armen, wie mit starken Eisenbanden, gepackt hielt. Menschen, die in der See umgekommen und hinabgesunken waren, schauten als weiße Gerippe aus den Armen der Polypen hervor. Schiffsruder und Kisten hielten sie umklammert, Gerippe von Landtieren und, was ihr fast das Schrecklichste war, eine Meerjungfrau, die sie gefangen und erstickt hatten.

Nun kam sie zu einem großen, fast überall mit Schleim überzogenen Platz im Walde, wo große, fette Wasserschlangen sich ringelten und ihren garstigen weißgelben Bauch zeigten. Mitten auf dem Platze war ein Haus aus den weißen Knochen schiffbrüchiger Menschen errichtet; dort saß die Meerhexe und ließ eine Kröte aus ihrem Munde fressen, wie die Menschen ein Kanarienvögelchen Zucker naschen lassen. Die hässlichen fetten Wasserschlangen nannte sie ihre niedlichen Küchelchen und ließ dieselben sich auf ihrem großen, schwammigen Busen umherwälzen.

„Ich weiß schon, was du willst!", sagte die Meerhexe. „Dumm genug! Indes sollst du deinen Willen bekommen, denn er wird dich ins Unglück stürzen, mein holdes Prinzesschen. Du möchtest deinen Fischschwanz loswerden und dafür zwei Stummel wie die Menschen zum Gehen haben, damit sich der junge Prinz in dich verliebt und du ihn und eine unsterbliche Seele erhalten kannst!" Dabei lachte die Hexe so laut und hässlich, dass die Kröte und die Schlangen auf die Erde fielen und sich dort umherwälzten. „Du konntest zu keiner besseren Zeit eintreffen. Morgen, wenn die Sonne aufgeht, könnte ich dir nicht helfen, bis wieder ein Jahr verstrichen ist. Ich werde dir einen Trank kochen, mit dem du noch vor Sonnenaufgang an das Land schwimmen, dich an das Ufer setzen und ihn austrinken musst; dann schrumpft dein Schwanz zu dem zusammen, was die Menschen niedliche Beine nennen, aber es tut weh, es ist, als wenn ein scharfes Schwert dich durchbohrte. Alle, die dich erblicken, werden sagen, du seist das schönste Menschenkind, das sie gesehen! Du behältst deinen schwebenden Gang, keine Tänzerin kann einherschweben wie du, aber bei jedem Schritt, den du tust, ist es, als ob du auf ein scharfes Messer trätest, dass dein Blut fließen möchte. Willst du dies alles aushalten, dann will ich dir helfen!"

„Ja!", sagte die kleine Meerjungfrau mit bebender Stimme und dachte an den Prinzen und die zu gewinnende Seele.

„Aber merk wohl", sagte die Hexe, „wenn du einmal menschliche Gestalt erhalten hast, kannst du nie wieder eine Meerjungfrau werden! Du kannst nie wieder durch das Wasser zu deinen Schwestern und dem Schlosse deines Vaters hinuntersteigen, und gewinnst du nicht die Liebe des Prinzen, sodass er Vater und Mutter um deinetwillen vergisst, mit all seinen Sinnen an dir hängt und dem Geistlichen befiehlt, dass derselbe eure Hände ineinander lege, sodass ihr Mann und Frau werdet, dann bekommst du keine unsterbliche Seele! Am ersten Morgen nach seiner Verheiratung mit einer anderen wird dir das Herz brechen, und du wirst zu Schaum auf dem Wasser."

„Ich will es!", sagte die kleine Meerjungfrau und war bleich wie der Tod.

„Du musst mich aber auch bezahlen!", sagte die Hexe. „Und es ist nicht wenig, was ich verlange. Du hast die schönste Stimme von allen hier unten auf dem Meeresboden, mit der hoffst du ihn zu bezaubern, aber die Stimme musst du mir geben. Das Beste, was du besitzest, will ich für meinen köstlichen Trank! Mein eigen Blut muss ich ja dazu geben, damit der Trank scharf wird wie ein zweischneidig Schwert!"

„Aber wenn du mir meine Stimme nimmst", sagte die kleine Meerjungfrau, „was behalte ich denn übrig?"

„Deine schöne Gestalt", sagte die Hexe, „deinen schwebenden Gang und deine sprechenden Augen, womit du schon ein Menschenherz betören kannst. Nun, hast du den Mut verloren? Streck deine kleine Zunge heraus, dann schneide ich sie für meine Bemühung ab, und du bekommst den kräftigen Trank!"

„Es geschehe!", sagte die kleine Meerjungfrau, und die Hexe setzte den Kessel auf, um den Zaubertrank zu kochen. „Reinlichkeit ist das halbe Leben!", sagte sie und scheuerte den Kessel mit den Schlangen aus, die sie in einen Knoten gebunden hatte. Nun ritzte sie sich selber die Brust und ließ ihr schwarzes Blut hineinträpfeln. Der Dampf bildete die seltsamsten Gestalten, sodass einem angst und bange werden musste. Jeden Augenblick tat die Hexe neue Sachen in den Kessel, und als es recht kochte, war es gerade, als wenn ein Krokodil weinte. Endlich war der Trank fertig; er sah aus wie das klarste Wasser.

„Da hast du ihn!", sagte die Hexe und schnitt der kleinen Meerjungfrau die Zunge ab; sie war nun stumm, konnte weder singen noch sprechen.

„Falls dich die Polypen ergreifen sollten, wenn du wieder durch meinen Wald zurückkehrst", sagte die Hexe, „so besprenge sie nur mit einem einzigen Tropfen dieses Trankes, dann zerspringen ihre Arme und Finger in tausend Stücke!" Aber das hatte die Prinzessin nicht nötig, die Polypen zogen sich erschreckt vor ihr zurück, als sie den funkelnden Trank sahen, der in ihrer Hand wie ein strahlender Stern leuchtete. So kam sie bald durch den Wald, das Moor und den Strudel.

Sie konnte das Schloss ihres Vaters erblicken; die Fackeln im großen Tanz-saale waren erloschen; sie schliefen drinnen sicher schon alle, aber sie wagte gleichwohl nicht, sie aufzusuchen, jetzt, wo sie stumm war und auf immer von ihnen scheiden wollte. Es war, als ob ihr das Herz vor Trauer brechen sollte. Sie schlich sich in den Garten hinein, brach eine Blume von jedem Beete ihrer Schwestern, warf dem Schlosse Tausende von Kussfingern zu und stieg durch die dunkelblaue See empor.

Die Sonne war noch nicht aufgegangen, als sie das Schloss des Prinzen gewahrte und die prächtige Marmortreppe hinaufschritt. Der Mond schien wunderbar klar. Die kleine Meerjungfrau trank den brennend scharfen Trank, und es war, als ob ein zweischneidig Schwert ihren feinen Körper durchdrang, sie verlor die Besinnung und lag wie tot da. Als die Sonne über die See hin schien, erwachte sie und fühlte einen heftigen Schmerz, aber dicht vor ihr stand der holde junge Prinz, der seine kohlschwarzen Augen auf sie heftete, sodass sie die ihrigen niederschlagen musste, wobei sie bemerkte, dass ihr Fischschwanz ver-schwunden war und sie die niedlichsten, kleinen weißen Beinchen hatte, die ein hübsches Mädchen nur haben kann. Sie war aber ganz nackend, weshalb sie sich in ihr starkes, langes Haar einhüllte. Der Prinz fragte, wer sie wäre und wie sie hierher gekommen, und sie sah ihn mit ihren dunkelblauen Augen gar mild und doch auch so traurig an, denn sprechen konnte sie ja nicht. Da nahm er sie bei

der Hand und führte sie in das Schloss. Bei jedem Schritt, den sie tat, war es ihr, wie ihr ja die Hexe vorausgesagt hatte, als wenn sie auf spitze Nadeln und scharfe Messer träte, aber das ertrug sie gern. An der Hand des Prinzen stieg sie so leicht wie eine Wasserblase die Treppe hinauf, und er sowohl wie alle anderen bewunderten ihren anmutigen schwebenden Gang.

Kostbare Kleider von Seide und Musselin wurden ihr nun gereicht, im Schlosse war sie die Schönste von allen, aber sie war stumm, konnte weder singen noch reden. Schöne Sklavinnen, in Seide und Gold gekleidet, kamen hervor und sangen vor dem Prinzen und seinen königlichen Eltern. Eine sang lieblicher als alle die anderen, und der Prinz klatschte Beifall und lächelte sie an; da wurde die kleine Meerjungfrau betrübt, sie wusste, dass sie selbst weit schöner gesungen hätte. Oh!, sprach sie bei sich selbst. Wenn er nur wüsste, dass ich, um bei ihm zu sein, meine Stimme für alle Ewigkeit dahingegeben habe!

Nun tanzten die Sklavinnen reizende, schwebende Tänze zur herrlichsten Musik; da erhob die kleine Meerjungfrau ihre schönen weißen Arme, stellte sich auf die Fußspitzen und schwebte über den Fußboden, tanzend, wie noch keine getanzt hatte. Bei jeder Bewegung trat ihre Schönheit mehr hervor, und ihre Augen redeten inniger und tiefer zum Herzen als der Sklavinnen Gesang.

Alle waren davon bezaubert, besonders der Prinz, der die Prinzessin sein liebes Findelkind nannte; und sie tanzte ununterbrochen, obgleich es ihr, sooft ihr Fuß die Erde berührte, vorkam, als ob sie auf scharfe Messer träte. Der Prinz sagte, sie sollte immer um ihn sein, und sie erhielt sogar die Erlaubnis, vor seiner Tür auf einem Samtkissen zu schlafen.

Er ließ ihr eine Männertracht anfertigen, damit sie ihn auch zu Pferde begleiten könnte. Sie ritten durch die duftenden Wälder, wo die grünen Zweige ihre Schultern streiften und die Vöglein hinter den frischen Blättern sangen. Sie erkletterte mit dem Prinzen die hohen Berge, und obgleich ihre zierlichen Füßchen sichtlich bluteten, lachte sie doch darüber und folgte ihm, bis sie die Wolken tief unter sich segeln sahen, als ob es ein Vogelschwarm wäre, der nach fremden Ländern zöge.

Daheim im Schlosse des Prinzen ging sie, wenn in der Nacht die anderen schliefen, auf die breite Marmortreppe hinaus und kühlte ihre brennenden Füße im kalten Seewasser, und dabei gedachte sie der Ihrigen in der Tiefe.

In einer Nacht kamen ihre Schwestern Arm in Arm; sie sangen, während sie über das Wasser dahinschwammen, gar traurige Weisen. Sie winkte ihnen, und sie erkannten sie und erzählten, wie tief sie sie alle betrübt hätte. Seitdem besuchten sie sie jede Nacht, und in einer Nacht gewahrte sie in weiter Ferne die alte Großmutter, die schon seit vielen Jahren nicht zur Oberfläche empor- gestiegen war, und den Meerkönig mit seiner Krone auf dem Haupte. Sie streck- ten die Hände nach ihr aus, wagten sich aber beide nicht so nahe an das Land wie die Schwestern.

Tag für Tag gewann sie der Prinz lieber, er liebte sie, wie man nur ein gutes, holdes Kind lieben kann, aber sie zur Königin zu machen, das fiel ihm nicht im Entferntesten ein, und seine Gemahlin musste sie doch werden, sonst bekam sie keine unsterbliche Seele, sondern musste an seinem Hochzeitsmorgen zu Schaum auf dem Meere werden.

„Hast du mich nicht am liebsten von allen?“, schienen die Augen der kleinen Prinzessin zu sagen, wenn er sie in seine Arme nahm und auf die schöne Stirn küsste.

„Ja, du bist mir die Liebste!“, sagte der Prinz. „Denn du hast das beste Herz von allen, du bist mir am meisten ergeben und ähnelst einem jungen Mädchen, das ich einmal sah, aber wohl schwerlich wiederfinden werde. Ich war auf einem Schiffe, welches scheiterte; die Wogen trieben mich in der Nähe eines heiligen Tempels, in dem mehrere junge Mädchen den Dienst verrichteten, an das Land. Das jüngste derselben fand mich dort am Ufer und rettete mir das Leben; nur zweimal sah ich dasselbe. Es wäre die einzige Jungfrau, die ich in dieser Welt lieben könnte, aber du ähnelst ihr, du verdrängst fast ihr Bild in meiner Seele. Sie gehört dem heiligen Tempel an, und deshalb hat dich mir mein gutes Glück gesandt; niemals wollen wir uns voneinander trennen!“

Ach, er weiß nicht, dass ich ihm das Leben gerettet habe!, dachte die kleine

Prinzessin. Ich trug ihn über die See zu dem Walde hin, wo der Tempel steht; ich sah ihn hinter dem Schaume und schaute aus, ob kein Mensch ihm nahen würde. Ich sah das schöne Mädchen, das er mehr liebt als mich! Die kleine Meerjungfrau seufzte tief, weinen konnte sie nicht. Das Mädchen gehört dem heiligen Tempel an, hat er gesagt; nie kommt es in die Welt hinaus, sie begegnen einander nicht mehr, ich bin bei ihm, sehe ihn jeden Tag, ich will ihn pflegen, ihn lieben, ihm mein Leben opfern!

Aber nun sollte der Prinz sich verheiraten und die Tochter des Nachbarkönigs zur Frau bekommen; deshalb rüstete man ein Schiff so prächtig aus. Der Prinz reist, um die Länder des Nachbarkönigs kennen zu lernen, heißt es zwar, aber eigentlich geschieht es, um sich die Tochter des Nachbarkönigs anzusehen; ein großes Gefolge soll er mitnehmen. Die kleine Meerjungfrau schüttelte das Köpfchen und lächelte; sie kannte die Gedanken des Prinzen weit besser als alle anderen. „Ich muss reisen!", hatte er zu ihr gesagt. „Ich muss mir die schöne Prinzessin ansehen; meine Eltern verlangen es, aber sie als meine Braut heimzuführen, dazu wollen sie mich nicht zwingen. Ich kann sie nicht lieben! Sie ähnelt nicht dem schönen Mädchen im Tempel, dem du ähnelst. Sollte ich einmal eine Braut wählen, so würde die Wahl eher auf dich fallen, mein stummes Findelkindchen mit den redenden Augen!" Dabei küsste er sie auf ihren roten Mund, spielte mit ihrem langen Haar und legte sein Haupt an ihr Herz, dass es lebhafter von Menschenglück und einer unsterblichen Seele träumte.

„Du fürchtest dich doch nicht vor dem Meere, du stummes Kind?", fragte er, als sie auf dem prächtigen Schiffe standen, das ihn nach dem Lande des Nachbarkönigs führen sollte, und er erzählte ihr von Stürmen und von Windstille, von merkwürdigen Fischen in der Tiefe und was die Taucher dort erblickt hätten, und sie lächelte bei seiner Erzählung, denn sie wusste ja besser als irgendein anderer auf dem Meeresgrunde Bescheid.

In der mondhellen Nacht, als alle schliefen, nur der Steuermann an seinem Ruder nicht, da saß sie am Rande des Schiffes und starrte durch das klare Wasser hinunter, und es kam ihr vor, als erblickte sie das Schloss ihres Vaters; auf dem höchsten Turme desselben stand die alte Großmutter mit der Silberkrone auf dem Haupte und schaute unverwandt durch den reißenden Strom zum Kiele des Schiffes empor. Da tauchten ihre Schwestern aus dem Wasser hervor, sahen sie wehmütig an und rangen ihre weißen Hände. Sie winkte ihnen zu, lächelte und wollte erzählen, dass alles gut und glücklich ginge, aber der Schiffsjunge näherte sich ihr, und die Schwestern tauchten unter, sodass er wähnte, das Weiße, was er gesehen hatte, wäre nur Schaum auf der See.

Am folgenden Morgen segelte das Schiff in den Hafen der prächtigen Hauptstadt des Nachbarkönigs. Alle Kirchenglocken läuteten, und von den hohen Türmen erklangen Posaunen, während die Soldaten mit wehenden Fahnen und blitzenden Bajonetten in Parade aufmarschiert standen. Jeder Tag wurde festlich begangen. Bälle und Gesellschaften folgten einander, aber die Prinzessin war noch nicht da, sie würde weit entfernt in einem heiligen Tempel erzogen, hieß es, wo sie alle königlichen Tugenden erlernte. Endlich traf sie ein.

Die kleine Meerjungfrau brannte vor Begierde, ihre Schönheit zu sehen, und musste eingestehen, dass sie eine liebreizendere Gestalt nie erblickt hätte. Ihre Haut war fein und durchsichtig, und hinter den langen, dunklen Augenwimpern lächelten ein Paar schwarzblaue, treue Augen.

„Du bist es!", rief der Prinz freudig. „Du, die mich gerettet hat, als ich wie tot am Strande lag!", und er drückte sie als seine errötende Braut in seine Arme. „Oh, ich bin zu glücklich!", sagte er zur kleinen Meerjungfrau. „Das Beste, das ich nie zu erlangen glaubte, ist mir erfüllt. Du wirst dich über mein Glück freuen, denn du hast mich am liebsten von allen!" Die kleine Meerjungfrau küsste ihm die Hand, und es war ihr jetzt schon, als fühlte sie ihr Herz brechen. Des Prinzen Hochzeitsmorgen sollte ihr ja den Tod geben und sie in Schaum auf dem Meere verwandeln.

Alle Kirchenglocken läuteten, die Herolde ritten in der Stadt umher und verkündeten die Verlobung. Auf allen Altären brannte duftendes Öl in kostbaren Silberlampen. Die Priester schwangen die Rauchfässer, und Braut und Bräutigam reichten einander die Hand und empfingen den Segen des Bischofs.

Die kleine Meerjungfrau stand in Seide und Gold und hielt die Schleppe der Braut, aber ihr Ohr hörte nicht die festliche Musik, ihr Auge sah nicht die heilige Handlung, sie gedachte ihrer Todesnacht, dachte an alles, was sie in dieser Welt verloren hatte.

Noch an demselben Abende gingen Braut und Bräutigam an Bord des Schiffes; die Kanonen donnerten, alle Flaggen wehten, und mitten auf dem Schiffe war ein königliches Zelt von Gold und Purpur errichtet und mit den herrlichsten Polsterkissen ausgestattet, wo das Brautpaar in der stillen, kühlen Nacht ruhen sollte.

Der Wind schwellte die Segel, und das Schiff glitt leicht und ohne heftiges Schwanken über die klare See dahin.

Als die Dämmerung hereinbrach, wurden farbige Lampen angezündet, und die Seeleute tanzten lustige Tänze auf dem Verdeck. Die kleine Meerprinzessin erinnerte sich dabei jenes Abends, als sie zum ersten Mal aus dem Meere aufgetaucht war und dieselbe Pracht und Freude gesehen hatte, und nun wirbelte sie mit im Tanze, schwebend, wie die Schwalbe schwebt, wenn sie verfolgt wird, und alle jubelten ihr Bewunderung zu, nie hatte sie so herrlich getanzt. Wie scharfe Messer schnitt es in ihre zarten Füße, aber sie fühlte es nicht, schmerzlicher schnitt es ihr noch durch das Herz. Sie wusste, dass es der letzte Abend war, wo sie ihn sah, für den sie Freundschaft und Heimat verlassen, ihre herrliche Stimme dahingegeben und täglich unendliche Schmerzen erlitten hatte, ohne dass er auch nur eine Ahnung davon hatte. Es war die letzte Nacht, wo sie dieselbe Luft wie er einatmete, das tiefe Meer und den sternblauen Himmel sah. Eine ewige Nacht ohne Denken und Träumen wartete ihrer, die keine Seele hatte und nimmer eine gewinnen konnte. Alles war Freude und Lustbarkeit auf dem Schiffe, weit über Mitternacht hinaus; sie lächelte und tanzte mit Todesgedanken in ihrem Herzen. Der Prinz küsste seine schöne Braut, und sie spielte mit seinem schwarzen Haare, und Arm in Arm gingen sie in das prächtige Zelt zur Ruhe.

Es wurde ruhig und still auf dem Schiffe, nur der Steuermann stand am Ruder; die kleine Meerjungfrau legte ihre weißen Arme auf den Schiffsrand und schaute gegen Osten nach der Morgenröte aus. Der erste Sonnenstrahl war, wie sie wusste, ihr Todesbote. Da sah sie ihre Schwestern aus dem Meere emporsteigen, sie waren bleich wie sie selber, ihr langes schönes Haar flatterte nicht mehr im Winde, es war abgeschnitten.

„Wir haben es der Hexe gegeben, damit sie Hilfe bringe und du diese Nacht nicht sterben musst! Sie hat uns ein Messer gegeben, hier ist es! Siehst du, wie scharf es ist? Bevor noch die Sonne aufgeht, musst du es dem Prinzen in das Herz stoßen, und wenn sein warmes Blut auf deine Füße spritzt, dann wachsen deine Füße zu einem Fischschwanze zusammen und du wirst wieder eine Meerjungfrau, kannst in das Wasser zu uns herniedersteigen und deine dreihundert Jahre leben, ehe du der tote salzige Seeschaum wirst. Eile, eile! Er oder du, einer muss sterben, bevor die Sonne aufgeht. Unsere alte Großmutter trauert, sodass ihr weißes Haar ausgefallen ist, wie das unsrige vor der Schere der Hexe gefallen. Töte den Prinzen und komm zurück! Beeile dich, siehst du den roten Streifen am Himmel? In wenigen Minuten erhebt sich die Sonne, und du musst sterben!" Und sie stießen einen eigentümlichen, tiefen Seufzer aus und sanken in die Wogen zurück.

Die kleine Meerjungfrau zog den Purpurvorhang vor dem Zelte fort, und sie sah die schöne Braut mit ihrem Haupte an der Brust des Prinzen ruhen, und sie neigte sich hinab, küsste ihn auf seine schöne Stirn, schaute zum Himmel empor,

wo die Morgenröte immer glühendere Farben an-
nahm, sah das scharfe Messer an und heftete dann
wieder ihre Blicke auf den Prinzen, der im Traum
den Namen seiner Braut rief, sie allein lebte in
seinen Gedanken, und das Messer zitterte in der
Hand der kleinen Meerjungfrau – aber dann warf sie
es weit hinaus in die Wogen, die, wo es hinfiel, rot
aufleuchteten; es sah aus, als spritzten Blutstropfen
aus dem Wasser in die Höhe. Noch einmal schaute
sie den Prinzen mit halb gebrochenem Blick an,
stürzte sich vom Schiff in das Meer hinunter und
merkte, wie ihr Körper sich in Schaum auflöste.

Jetzt stieg die Sonne aus dem Meere empor, mild
und warm fielen ihre Strahlen auf den todeskalten
Meeresschaum, und die kleine Meerprinzessin fühlte
nichts vom Tode. Sie erblickte die Sonne, und dicht
über ihr schwebten Hunderte von durchsichtigen,
herrlichen Wesen; sie vermochte durch sie hindurch
die weißen Segel des Schiffes und die roten Wolken
am Himmel wahrzunehmen. Ihre Stimme war wie
Sphärenklang, aber so geistig, dass kein menschli-
ches Ohr sie vernehmen, wie auch kein irdisches
Auge diese himmlischen Wesen erblicken konnte.
Ohne Flügel schwebten sie vermöge ihrer eigenen
Leichtigkeit durch die Luft. Die kleine Meerjungfrau
sah, dass sie einen Körper wie sie hatte, der sich mehr
und mehr aus dem Schaume erhob.

„Zu wem komme ich?", fragte sie, und ihre Stimme klang wie die der anderen Wesen, so geistig, dass
keine irdische Musik sie wiedergeben kann.

„Zu den Töchtern der Luft!", antworteten die anderen. „Eine Meerjungfrau hat keine unsterbliche Seele, kann sie nie erhalten, wenn es ihr nicht gelingt, eines Menschen Liebe zu gewinnen! Von einer fremden Macht hängt ihr ewiges Dasein ab. Die Töchter der Luft haben auch keine unsterbliche Seele, aber sie können sich selbst eine durch gute Handlungen verschaffen. Wir fliegen nach den warmen Ländern, wo der brodelnde Atem der Pestluft die Menschen tötet; dort fächeln wir Kühlung. Wir breiten den Duft der Blumen durch die Luft aus und senden Erquickung und Genesung. Haben wir dreihundert Jahre lang gestrebt, das Gute zu tun, was wir vermochten, dann empfangen wir eine unsterbliche Seele und nehmen an dem ewigen Glücke der Menschen teil. Du arme Meerjungfrau, du hast von ganzem Herzen nach demselben Ziele wie wir gestrebt, hast gelitten und geduldet, hast dich nun zur Welt der Luftgeister erhoben, jetzt kannst du dir selbst nach drei Jahrhunderten eine unsterbliche Seele durch gute Taten schaffen!"

Die kleine Meerjungfrau hob ihre lichten Arme zu Gottes Sonne empor, und zum ersten Mal fühlte sie Tränen. – Auf dem Schiffe herrschte wieder Lärm und Leben; sie bemerkte, wie der Prinz mit seiner schönen Braut nach ihr suchten, wehmütig hefteten sie ihre Blicke auf den wallenden Schaum, als ob sie wüssten, dass sie sich in die Wogen gestürzt hätte. Unsichtbar küsste sie die Stirn der Braut, lächelte ihn an und stieg mit den anderen Kindern der Luft zu der rosenroten Wolke empor, die in der Luft einherschwamm.

„Nach dreihundert Jahren schweben wir so in Gottes Reich hinüber!"

„Sogar noch früher können wir hineingelangen!", flüsterte einer der Luftgeister. „Unsichtbar schweben wir in die Häuser der Menschen hinein, wo es Kinder gibt, und für jeden Tag, an dem wir ein gutes Kind finden, das seinen Eltern Freude macht und ihre Liebe verdient, verkürzt uns Gott unsere Prüfungszeit. Das Kind weiß nicht, wann wir durch das Zimmer fliegen, und sobald wir aus Freude über dasselbe lächeln, werden die dreihundert Jahre um eins vermindert, sehen wir aber ein unartiges und böses Kind, so müssen wir Tränen der Trauer weinen, und jede Träne legt unserer Prüfungszeit einen Tag zu!"

Ein Meister der Märchen

„Unsre Zeit ist die Zeit der Märchen", erklärte Hans Christian Andersen oft und gern. Und Märchen sind es, die seinen Weltruhm begründet haben.

Hans Christian Andersen wird 1805 im dänischen Odense geboren. Er wächst in ärmlichen Verhältnissen auf. Als Vierzehnjähriger geht er, völlig mittellos, nach Kopenhagen, wo er Dank der finanziellen Unterstützung einflussreicher Bürger Kopenhagens schließlich die Schule beenden und anschließend die Universität besuchen kann. Als junger Mann veröffentlicht Andersen Gedichte, es folgen kleinere Prosatexte und Theaterstücke, die ihm erste Erfolge einbringen. Doch erst mit seinen Märchen und Erzählungen findet er seinen eigenen literarischen Stil.

Die über 156 Märchen und Erzählungen, die Andersen im Laufe seines Lebens geschrieben hat, weisen eine Vielfalt an literarischen Formen auf: Während einige seiner frühen Märchen volkstümliche Vorlagen vermuten lassen, hat Andersen in der Mehrzahl seiner Märchen und Erzählungen jedoch lediglich volkstümliche Motive, Stoffe und Redeweisen verwandt und historische Novellen, gesellschaftliche Satiren, Pflanzen- und Tierfabeln und Dingmärchen geschaffen.

Andersen liebte es, die Welt zu erkunden, und so begab er sich immer wieder auf Reisen durch Europa, die ihn bis ins ferne Konstantinopel führten. Auf diesen Reisen traf er mit vielen literarischen Größen der Zeit zusammen. Die Eindrücke, Bilder und Stoffe, die er von seinen Reisen mit zurückbrachte, finden sich in seinen Märchen wieder. Gleich kleinen Entdeckungsreisen entführen sie Leser und Zuhörer in fremde Landstriche, unheimliche Gegenden, wuchernde Wildnisse und zauberhafte Gärten.

Ob sie in fernen Ländern oder in gewohnten Umgebungen angesiedelt sind, Andersens Märchen zeigen das Leben stets aus einem für die Leser vollkommen überraschenden Blickwinkel. Gerade dadurch öffnen sie dem Leser die Augen, lassen sie sie die zuweilen schmerzhaften Erfahrungen nach-

WICHTIGE LEBENSDATEN H. C. ANDERSENS

2. April 1805 Hans Christian Andersen wird als Sohn des Schuhmachers Hans Andersen und der Dienstmagd Anne Marie geboren.

1816 Andersens Vater stirbt.

1818 Andersens Mutter heiratet wieder.

1819-1828 Andersen geht nach Kopenhagen; wohlhabende Kopenhagener, insbesondere Jonas Collin, unterstützen ihn finanziell. Er kann sein Abitur machen, anschließend studiert er Philologie. Erste Veröffentlichung eigener Gedichte und Theaterstücke.

1830 Unerfüllte Liebe zu Riborg Voigt.

1831 Erste Deutschlandreise. In Dresden trifft er Ludwig Tieck, in Berlin Adalbert von Chamisso.

1833/34 Reise nach Paris und durch Deutschland und Italien; u.a. Zusammentreffen mit Victor Hugo und Heinrich Heine. In Rom erfährt er vom Tod seiner Mutter.

1835 Literarischer Durchbruch. Der *Improvisator* (Roman) und *Die Märchen, für Kinder erzählt* (Heft 1 und 2) erscheinen, u.a. *Die Prinzessin auf der Erbse* und *Däumelinchen*.

1836-1839 Weitere Märchen-Hefte erscheinen; sie enthalten u.a. *Die kleine Meerjungfrau* (1837), *Der standhafte Zinnsoldat* (1838). 1838 erhält Andersen vom König eine staatliche Unterstützung auf Lebenszeit.

1840 Andersen wirbt erfolglos um die Sängerin Jenny Lind, die „schwedische Nachtigall". Reise nach Rom. 1841 von Rom über Malta nach Athen, weiter nach Konstantinopel. Rückreise über den Balkan nach Wien.

1843-1850 Veröffentlichung neuer Märchen, u.a. *Die Nachtigall, Das hässliche Entlein* (beide 1843). Zusammentreffen in Paris mit Hugo, Heine, Alexandre Dumas und Honoré de Balzac. Ausgedehnte Reisen in Europa; Besuch bei Charles Dickens in London.

1851-1874 Wiederholte Reisen nach Deutschland, Italien und in die Schweiz. 1851 Andersen wird Ehrenprofessor in Dänemark. Erste Begegnung mit Henrik Ibsen. 1855 erscheint *Das Märchen meines Lebens* (Autobiographie); in den folgenden Jahren veröffentlicht er Reiseberichte, einen Roman und weitere Märchen.

4. April 1875 Andersen stirbt in Kopenhagen.

vollziehen, die die kleine Meerjungfrau, das hässliche Entlein oder der Kaiser von China machen.

Andersens Märchen wirken auf mehreren Ebenen zugleich und sprechen auch deshalb ein breites Publikum an. Das hat Andersen wohl bedacht. „Ich erzähle", vertraute er einem Freund an, „den Kindern, während ich daran denke, dass Vater und Mutter oft zuhören, und ihnen muss man etwas für den Verstand geben."

Der vorliegende Band versammelt einige der bekanntesten Märchen von Hans Christian Andersen, die, seit Generationen gelesen und geliebt, auch nach über 150 Jahren nichts von ihrer Schönheit und Lebendigkeit verloren haben.

Der russische Künstler Gennady Spirin hat die Märchen mit viel Liebe zum Detail und einer unglaublichen Vielfalt farblicher Nuancen ins Bild gesetzt. Die Poesie seiner fast altmeisterlichen Bilder wetteifert mit der Andersens und liefert den Beweis, das auch unsere Zeit eine Zeit der Märchen ist.